ENGLISH
—————
SPANISH

011.

07.

04.

08.

Marcelo
Rioseco

00.

0.

02.

DOMESTIC

LIFE::::

003.

TRANSLATED BY :
ARTHUR MALCOLM DIXON

FOREWORD BY :
MICAELA PAREDES BARRAZA

𝒜
'*Alliter*ation

DOMESTIC LIFE | MARCELO RIOSECO
Translated from the Spanish by Arthur Dixon
First edition in English in January 2025

© Marcelo Rioseco
© Foreword by Micaela Paredes Barraza
© Alliteratïon Publishing, 2025

www.thealliteration.us

Design by Elena Roosen
Cover by Andrea Martínez
Proofreading by Tess Rankin & Félix García
Editorial Coordination by Amayra Velón

ISBN: 979-8-9909355-7-0

THE CURIOUS CASE OF A (PERMANENTLY UN-) DOMESTICATED POET

Poetry has strange ways of coming together and taking the shape (sometimes, finally) of a book. Strange and simple ways, like the days that pile up—or are scattered and forgotten—on the calendar and in the body. Equally unusual in their dark, natural transparency are the poems that make up Marcelo Rioseco's *Domestic Life*.

I once said elsewhere that Marcelo's poetry—the poetry of a Chilean poet, writing in Spanish—doesn't sound like "Chilean poetry," although references to Chile and its human and psychological landscapes take up a not insignificant space within it. I believe the seed of his particular way of using his mother tongue—molten in his blood but put in perspective by the passage of time and the acquisition of a second language—can be found here, in his third book, first published in 2016 in Chile, where it won the Premio Academia for the best literary work published that year (a paradoxical distinction, its being a book—thanks be to god or the "tiger of the mind"—so averse to the manners, means, and ends the academy tends to exalt).

Before this book, Rioseco had published *Ludovicos o la aristocracia del universo* (1995) and *Espejo de enemigos* (2010), two books that, while quite different in their tones and means of expression, are bonded by their shared exploration—through language and with language as protagonist, as sensitive and concrete raw material—of "making poetry." Both also make use of the dramatic possibilities offered by the monologue and the construction of masks.

In *Domestic Life*, written from the commonplace and recondite landscapes of his (extra)ordinary life in *America*—once the continent but now the country of Rioseco's linguistic universe— he lays down and ferments, for the first time in his poetry, the crumbs of time: its everyday passage, its occasional apparent standstills. The voice and the poetic gaze pause over and capture the subcutaneous pulse of seemingly lifeless, insignificant moments of everyday existence: the never-ending wait on a backed-up highway or in the supermarket parking lot, yet another late night in front of the TV, the spontaneous conversation with the hairdresser or the mailman. Life advances down its opaque surface, impassible, compliant with its passage, with or despite us—but the subject who lives in these poems refuses to keep up. He pauses, zooming in or widening the frame, and creates a space from which there emerges, all of a sudden, the improbable, the fantastical, or at least the fleeting hope of its presence. This is a sort of ironic kairos that opens the door to a different dimension in which imagination and meaning stretch their tentacles, broadening the horizons of perception and becoming "vision." The physical and psychological qualities of the instant unfurl, refined, but this momentum does not end with the manifestation of anything in particular. In concrete terms, nothing has happened; everything and everyone seems to carry on hitting their typical marks in the great theater of the world. Domestic life goes on, "nothing" has changed. Nonetheless, "something" no longer fits, although we're not quite sure what this something might be. The big curtain has been torn—the subtle slit the subject opens, by succumbing to the strange, gives rise to a change in the light, in the air, in the coherence of the play he acts out, inviting us to join him onstage. The poem is the knife-edge of clarity, showing us what is or might be on the other

011.

07.

04.

08.

00.

0.

02.

003.

side, at the mercy of a reality as hostile as it is marvelous in its multiple layers of meaning.

So it goes, for example, in the poem "Flying to Mexico," whose speaker, a passenger on a United Airlines flight, looks out and contemplates the immensity around him, which

> appears to us surrounded by great
> expanses of white plastic,
> as if this flight were no more
> than a pond full of dead bodies
> in an empty house.

The unexpected break with normality, the sudden slip from sitting tediously on a plane to experiencing an apocalyptic vision, gives way to reflection not just on the meaning and direction of the scene at hand but on existence in general, beginning with an interrogation of belonging: "Sometimes it's hard to tell / when we're close to home / or when we've never had a home." In the end, the speaker stands up to go to the bathroom and observes the sleeping passengers, "defenseless / like the sad lambs of god," after which he concludes, hopelessly, that in the heavens just as on earth we are all "dead animals."

This poem brings together many of the elements that will plot this book's paths: the narrative intention that puts them in motion; the demarcation of a specific, apparently everyday scene of something that is happening now but is also habitually repeated or could happen any other day; the emergence of an inner vision that shatters normality and transports us to the fantastical—but no less truthful—dimension of the imagination, like in the poem "Alcoholics Anonymous": "And while somebody hands me a coffee / and puts a blanket over / my weary legs, / delicate, burning sunflowers / will begin to sprout / from the mouth of hell." Here we meet a key character who will continue to appear in Rioseco's following books—an alchemical

5

alter ego who transfigures reality and links life with writing: "The tiger of my mind, / who writes the poems for me." The tiger is seemingly always at the margins of the problems, doubts, and neuroses of the poetic subject, who lives at ground level and stays on the tightrope, trying not to succumb to domestic life, refusing to give up on the natural and fertile madness of the poet who dwells within him.

Life and poetry: another of the ties that bind this book, putting in play not only the tension between experience inside and outside the poem, but also the tension between dizzying passion—essential to literature—and the risk of literaturifying fossilization, as the speaker observes in cowardly poets: "Poetry is not a matter for the brave— / rats also like poems / when well written." Rioseco's writing is experience and also refuge—a space in which to oust history itself and the stones it leaves in memory:

> Write to forget what we already know
> and we know so many things,
> but are unfamiliar with anything up close—
> not a lack of discipline but an absence of light.

Faced with this lack of light, it is the poet, the tiger of the mind, the nonconformist madman who gives off and puts forth a form of clarity, the clarity of his imaginative heart-mind: a new and extraordinary possibility of *seeing*. No longer the prophetic vision of the seer, but rather the sharp eyesight of the citizen-creator who, while domesticated and conscious of being "surrounded by plains and interminable suburbs," never ceases to glimpse mystery, that "wild, unconquered space." The sharpness of the gaze and of the poetic senses is intimately linked, in Rioseco's work, to ludic possibility. The tensions, comings-together, and comings-apart between the poetic subject and the bittersweet experience of everyday life are not resolved in the

6

dimension of the concrete, but they are given a twist. Faced with the debasement of the world and its forms, the poet keeps the power of humor up his sleeve—a dark, ironic humor sometimes imbued with a certain tenderness:

> because poetry is also
> for those who can't go on,
> those who give up, who don't conform,
> who see things shine
> behind the dirty glass of consciousness.

Domestic Life depicts this empty occurrence of time, full of automatisms, but also gives free rein to lively images of oneiric space and its hallucinated landscapes. In this poetic universe, there is no dichotomy between the real and the imaginary, between external coordinates and the sweeping territory of mind and dream, inhabited by "those forms of perfection / that make their world less comfortable."

We should celebrate this new, bilingual edition of a book that, at its creative roots, was bilingual from the start. As I said earlier, these poems by Marcelo Rioseco were written in Spanish but incarnated and articulated through the experience of moving from one real-life stage set to another, of inhabiting a place and a language that are not one's own, of getting used—or never quite getting used—to thinking, reading, feeling, and creating from this ambiguous, uncomfortable, and fertile space, in language and in spirit: "the highway, the immensity / and all the solitude of god and the United States."

Micaela Paredes Barraza
Valparaíso
October 2023

ENGLISH
———————
SPANISH

011.

07.

04.

08.

Marcelo
Rioseco

00.

0.

02.

DOMESTIC
LIFE::::

003.

Maybe if I made the bed,
it would help. Would the modest diligence
seem radiant, provoke a radiance?

Robert Hass—"3. Habits of Paradise"
"Breach and Orison"
Time and Materials

EL VIEJO TIGRE DE LA MENTE

Mis amigos
me recomiendan
que no siga escribiendo
sobre poesía
o las dificultades para escribir,
la página en blanco
o el bloqueo del escritor.
Dicen que todo eso
está pasado de moda
y que a nadie le importa
lo que pueda decir
un escritor en problemas.
Yo los escucho en silencio.
El tigre de mi mente,
ese que escribe los poemas por mí,
también guarda silencio.

Mis amigos por supuesto
no saben nada
del tigre de la mente.
La poesía
no es un asunto de modas—
lo digo yo
que vendo 18 libros al año.
La poesía
es un asunto de sobrevivencia,
especialmente
cuando el viejo tigre de mi mente
enloquece
porque no puede borronear
ni siquiera
un poema medianamente decente

THE OLD TIGER OF THE MIND

My friends
recommend
I stop writing
about poetry
and how hard it is to write,
the blank page
and writer's block.
They say that stuff
is out of style
and no one cares
what some troubled writer
might say.
I listen in silence.
The tiger of my mind,
who writes the poems for me,
keeps quiet too.

My friends, of course,
know nothing about
the tiger of the mind.
Poetry
is no question of style—
coming from me,
who sells 18 books a year.
Poetry
is a question of survival,
especially
when the old tiger of the mind
goes mad
because he can't scratch out
as much as
one half-decent poem

y se da vueltas a oscuras
mascullando
palabras oscuras y extrañas.

Mis amigos
por supuesto
nunca han oído hablar
del viejo tigre de la mente.

and he paces circles in the dark
snarling
dark, strange words.

My friends
(of course)
have never heard
of the old tiger of the mind.

DETENIDOS FRENTE A UNA BARRERA DE SEGURIDAD

Los autos detenidos
frente a la barrera de seguridad
llevan las luces encendidas. Llueve
y sin embargo son apenas las 6 de la tarde.
Somos seis o siete conductores
y es domingo en Boyd Ave.;
cerca de allí hay un suburbio llamado Bel Aire.
Los oscuros vagones de carga
brillan bajo los focos de esta parte de la ciudad,
como el lomo de un gigantesco animal muerto
curvándose mientras se aleja, como si alguien
hubiera decidido traer hasta aquí (y sin aviso)
el arsenal para un nuevo holocausto nuclear.
La inmensidad de esta parte del país
esconde una fuerza destructiva y borrosa,
la cual nunca podremos anticipar.
Oscurece porque en el mundo oscurece.
Sentimos el temblor del tren bajo nuestros pies
pero ni siquiera su evidente presencia nos perturba.
La dueña de casa telefonea a casa,
el estudiante revisa sus mensajes de Facebook,
otra familia mira impávida una luz roja e intermitente
sin hablar. El tren termina de pasar y se aleja,
la barrera entonces se levanta y todas las rutinas
(como alguien que emerge del agua
habiendo permanecido demasiado tiempo sin respirar)
recobran lentamente su natural movimiento.
Esta nueva imagen de lo terrible ya ha pasado
sin derribarnos, sin decirnos siquiera: "That's it!"
Aceleramos y nos alejamos de allí.

STOPPED AT A RAILROAD CROSSING

The cars stopped
in front of the crossing
have their lights on. It's raining
yet it just turned 6 p.m.
There are six or seven of us driving
and it's Sunday on Boyd Ave.;
there's a suburb close to here called "Bel Aire."
The dark freight cars
gleam under the streetlights of this part of the city
like the back of a giant dead animal
twisting as it slinks away, as if someone
had decided to deliver (unannounced)
the arsenal for a new nuclear war.
The immensity of this part of the country
hides some destructive, clouded force
we never can foresee.
It gets dark because it gets dark in the world.
We feel the rumble of the train beneath our feet,
but not even its evident presence disturbs us.
The housewife calls home,
the student checks Facebook Messenger,
another family watches a flashing red light, undaunted,
speechless. The train passes by and pulls away,
then the barrier rises and all the routines
(like someone coming up from water
after too long without breath)
slowly regain their natural movement.
This new image of the terrible has passed
without destroying us, without so much as saying "That's it!"
We hit the gas and get on out of there.

FLYING TO MEXICO

Allá abajo
en el desierto Mojave
el viento sopla y es áspero
como la piel de un coyote
reventado por el sol.
En cambio, aquí arriba
(en un vuelo de United Airlines
con destino a México)
la cabina está presurizada
y todo es limpio y nuevo.
Por lo mismo, la inmensidad
se nos aparece rodeada de grandes
espacios de plástico blanco,
como si este vuelo no fuera más
que un estanque lleno de muertos
dentro de una casa vacía.
No sé si regreso o me voy alejando.
A veces es difícil estar seguro
cuándo estamos cerca de casa
o cuándo no hemos tenido casa alguna.
Me levanto y voy al baño,
los pasajeros duermen desprotegidos
al igual que los tristes corderos de dios.
Abajo la sombra del avión
se recorta contra la superficie
de un desierto abrumador.
"Llegaremos más lejos", me digo.
Pero no es verdad.
Allá abajo
también hay animales muertos.

FLYING TO MEXICO

Down there
in the Mojave Desert
the wind blows, rough
like a coyote pelt
cracked by the sun.
Meanwhile, up here
(on a United Airlines flight
to Mexico)
the cabin is pressurized
and everything is clean and new.
And so, the immensity
appears to us surrounded by great
expanses of white plastic,
as if this flight were no more
than a pond full of dead bodies
in an empty house.
I don't know if I'm coming back or going away.
Sometimes it's hard to tell
when we're close to home
or when we've never had a home.
I get up and go to the toilet,
the passengers sleep, defenseless
like the sad lambs of god.
Below the airplane's shadow
is cut out against the surface
of a staggering desert.
"We'll get further," I say to myself.
But it is not true.
Down there
are dead animals too.

LA POESÍA ES UNA FORMA DE VALENTÍA

"La poesía es una forma de valentía", afirma Bolaño
pero yo he conocido tantos cobardes
que escribían buena poesía.
La poesía no es nada, Roberto
en el mejor de los casos es un salto al vacío,
una danza de leopardos drogados
en la imaginación febril de algún loco,
como los poemas de Mario Santiago,
como tú mismo Roberto y tus amigos
los puñetas mexicanos,
los jóvenes poetas de Chile,
los infamados que entienden la ternura
como una forma magnífica de la bondad
y son habituales de los hospitales
siquiátricos y las casas de huéspedes,
como Leopoldo María Panero
quien creía que al Paraíso
también van los que dan asco.
La poesía tampoco es la música
porque la mejor música nadie la conoce.
La poesía no es asunto de valientes,
a las ratas también les gustan
los poemas bien escritos.
Pero tal vez sí tengas razón, Roberto
y la poesía sea una forma de valentía
porque la poesía también es
para los que no pueden más,
los que abandonan, los inconformistas,
los que ven cosas luminosas
detrás de los cristales sucios de la conciencia
y aun así perduran contra todo pronóstico.

POETRY IS A FORM OF COURAGE

"Poetry is a form of courage," declares Bolaño,
but I've met so many cowards
who wrote good poetry.
Poetry is nothing, Roberto—
in the best of cases it's a leap of faith,
a dance of drugged leopards
in the febrile imagination of some nut,
like the poems of Mario Santiago,
like yourself, Roberto, and your friends
the Mexican fuckups,
the young poets of Chile,
the dishonored who understand affection
as a wondrous form of goodness
and are regulars at psychiatric
hospitals and guesthouses,
like Leopoldo María Panero
who believed the revolting
also go to Heaven.
And poetry is not music
because nobody knows the best music.
Poetry is not a matter for the brave—
rats also like poems
when well written.
But maybe you're right, Roberto,
and poetry is a form of courage
because poetry is also
for those who can't go on,
those who give up, who don't conform,
who see things shine
behind the dirty glass of consciousness
and still persist against all indications.

LA VIDA DOMÉSTICA

La vida doméstica
es la manera más rápida de matar la locura de un poeta
y también es la manera más rápida de matar al poeta.

Le leo mi poema sobre Roberto Bolaño a Claudia.
Claudia me mira y después de una pausa
pregunta: "¿Quieres comer? Los filetes de salmón
todavía están en el refrigerador."
Bolaño desde los desiertos de la muerte
donde está ahora, me guiña un ojo y dice:
"No sabía que te gustaban
los filetes de salmón, Mauricio."
Claudia se ha ido, pero al rato regresa,
como Cristo cuando andaba aburrido.
Mientras tanto yo trato de comprender
cuál es el problema con el salmón
y si debo o no escribir este poema.
"No derrames más la leche en la cocina", exclama.
Busco a Bolaño, pero esta vez su imagen
se ha evaporado entre mis libros
y los platos sucios con comida.
Quizás ya estamos todos muertos
como los peces inmóviles que arrastra el río.

DOMESTIC LIFE

Domestic life
is the fastest way to kill a poet's madness
and the fastest way to kill the poet.

I read Claudia my poem about Roberto Bolaño.
Claudia looks at me and after a beat
she asks, "Hungry? The salmon filets
are still in the fridge."
From the deserts of death
where he lives now, Bolaño winks his eye at me and says,
"I didn't know you liked
salmon filets, Mauricio."
Claudia has gone out, but she'll soon be back,
like Christ when he got bored.
Meanwhile I try to understand
what's the matter with the salmon
and whether or not I should write this poem.
"Stop spilling milk all over the kitchen!" she shouts.
I look for Bolaño, but this time his visage
has evaporated among my books
and the food stuck to the dirty plates.
Maybe we're all already dead
like the motionless fish dragged downstream.

ALCOHÓLICOS ANÓNIMOS

Cuando voy los días viernes al correo
suelo estacionarme frente
a la sede de Alcohólicos Anónimos.
Es una pequeña casa blanca
en Main Street
con mesas y sillas en la calle.
Los viernes por la mañana
algunos viejos alcohólicos
salen a tomar el sol,
se mueven con dificultad,
pero parecen disfrutar
del silencio y el aire tibio.
Yo los veo desde mi auto,
están allí
sin hacer nada;
algunos apenas hablan
y otros fuman en silencio.
No hay nada que hacer
en 20 años más
yo estaré entre ellos
sin apuro, sin rencor,
pronunciando
palabras estúpidas, pero graciosas.
Y mientras alguien me ofrece un café
y cubre con una frazada
mis cansadas piernas,
por la boca del infierno
comienzan a asomarse (lentamente)
delicados girasoles ardiendo.

ALCOHOLICS ANONYMOUS

When I go to the post office on Fridays
I often park in front
of Alcoholics Anonymous:
a little white house
on Main Street
with tables and chairs on the sidewalk.
On Friday mornings
a few old alcoholics
sit out to get some sun,
they move haltingly
but seem to enjoy
the quiet and warm air.
I see them from my car,
there they are
doing nothing;
some speak, sometimes,
and others smoke in silence.
There's nothing for it—
20 years from now
I'll be there with them,
no hurry, no hard feelings,
uttering words
that are stupid but amusing.
And while somebody hands me a coffee
and puts a blanket over
my weary legs,
delicate, burning sunflowers
will begin to sprout
from the mouth of hell.

ANIMAL PLANET

Enciendo el televisor
y veo un programa sobre la naturaleza,
animales y un montón de plantas
cuyos nombres desconozco.
Son las 10 de la noche,
mi rostro se ve apenas
reflejado en la pantalla.
Mientras termino de comer
mi sándwich de jamón y queso,
una joven gacela aparece
repentinamente en la pantalla,
huye de un leopardo
de rayas blancas y doradas.
Ambos animales al correr
levantan bruscamente el polvo
de lo que parece ser una estepa africana.
Bajo un cielo radiante y abrazador
la gacela cae y se dispone a morir,
el leopardo salta sobre ella
y la liquida de un zarpazo.
Eso es todo.
Ni siquiera su agilidad la salva de la muerte.
"Como a todos nosotros", me digo.
"Mala suerte." Apago el televisor
y me levanto para ir a dormir.
"Mala suerte", me susurra el leopardo
desde la pantalla apagada del televisor.

ANIMAL PLANET

I turn on the TV
and watch a nature show,
animals and lots of plants
whose names I do not know.
It's 10 p.m.
and I can just make out my face
reflected in the screen.
While I finish eating
my ham and cheese sandwich,
a young gazelle appears
suddenly on the screen,
fleeing a leopard
with white and gold stripes.
Running, the animals
raise staccato clouds of dust
on what looks like an African savanna.
Under a radiant, scorching sky
the gazelle falls and prepares to die,
the leopard leaps on top of her
and ends her with a swipe.
That's all.
Her agility, even, is not enough to save her life.
"Like all of us," I tell myself.
"Bad luck." I turn off the TV
and stand up to go to bed.
"Bad luck," the leopard whispers back at me
from the black screen of the TV.

LA FAMILIA

Regreso a mi ciudad natal
la derrota no es nada comparado con esto.
"Has visto lo mismo tantas veces", me dice.
"No hemos ido a ningún lado, lo sabes.
Yo y mis hijas lo hemos soportado todo
como si el esfuerzo valiera la pena,
pero siempre supe que estaba equivocada.
Habría que haberse ido a otra ciudad
e intentado elevarnos por sobre todo esto;
al menos para que mis hijas
pudieran atestiguar con sus propios ojos
la verdadera amplitud del mundo.
Pero nos quedamos y esto somos ahora.
Hay tantas familias como la nuestra,
tantos locos con garrotes,
tantos árboles torcidos rodeados de perros."
Y me mira para reconocer su sangre
en mis ojos adormecidos por el olor de la sal
y la proximidad del océano. Y yo la esquivo.
Damos vuelta y nos encaminamos hacia el auto.
Antes de abrir la puerta dice:
"Tú no estabas aquí para verlo.
Y fue mejor así. Viajar debió haber sido
como una salvación para ti." Pero no lo fue.
O quizás sí. Regreso a mi ciudad,
pero ahora la ciudad es de ella y su familia—
y el sol está de frente (como hace años)
cuando este era el único lugar adonde se podía ir.

FAMILY

I go back to my hometown;
defeat is nothing compared to that.
"You've seen the same thing so many times," she tells me.
"We've gone nowhere, you know that.
My daughters and I have put up with it all
as if it were worth the effort,
but all along, I knew I was wrong.
If only we'd gone to some other city
and tried to rise above all this;
at least so that my daughters
could witness, with their own eyes,
the true breadth of the world.
But we stayed and this is what we are.
There are so many families like ours,
so many crazed old men with clubs,
so many twisted trees ringed by dogs."
And she looks at me so as to recognize her blood
in my eyes, lulled by the smell of the salt
and the nearness of the sea. And I do not look back.
We turn and walk toward the car.
Before opening the door, she says:
"You weren't here to see it.
And it was better that way. Traveling must have been
a lifesaver for you." But it was not.
Or maybe it was. I go back to my hometown,
but now the city is hers and her family's—
and the sun is straight ahead (like years ago)
when this was the only place you could go.

THE POLICE WOMAN

5 de la tarde
Chipotle's.
Veo entrar
a una mujer policía,
no es joven
ni hermosa,
pero su rostro
es extraño y atractivo.
No puedo quitarle
los ojos de encima.
Lleva un uniforme ajustado
y una pistola negra.
Pienso en mí
(un ratón de biblioteca)
siempre lejos
de la verdadera acción.
La mujer policía
pide comida para llevar.
La miro otra vez
ahora está en el counter.
Me imagino
casado con ella,
viviendo
en South Oklahoma City,
en un suburbio
de blancos empobrecidos,
una patrulla afuera de la casa,
quizás un trailer park.
Veo las fotos de Willy
(Willy es nuestro hijo)
Willy a los 6 años
en la escuela pública.

THE POLICE WOMAN

5 p.m.,
Chipotle.
I see a policewoman
come in;
she's neither young
nor beautiful
but her face
is strange and attractive.
I can't take
my eyes off her.
She wears a tight uniform
and carries a black pistol.
I think of myself
(a bookworm)
always far away
from the real action.
The policewoman
orders food to go.
I look at her again,
now at the counter.
I imagine myself
married to her,
living
in South OKC,
in a suburb
for poor whites,
with a cop car parked outside,
maybe a trailer park.
I see photos of Willy
(Willy is our son).
Willy when he was 6
at public school.

Willy y nosotros
en Orlando, de vacaciones,
yo con sobrepeso,
ella también, ya no somos jóvenes
ni exhibimos fortaleza,
pero no podemos evitar
ir a fiestas los fines de semana
donde todos beben cerveza
y son policías:
"This is sargent McKenzee."
"This is detective Peters."
En mi imaginación
this is Cleveland County
my home
donde mi esposa
antes de hacer el amor
deja su arma
en la mesa de noche
y me susurra al oído:
'I love you.'
5:10 de la tarde
en Chipotle's
la mujer policía
pone su Coca Cola
dentro de una bolsa de papel
y luego se marcha—
sin mirarme siquiera,
sin decirme
cuándo volverá
a nuestra casa imaginaria
en South Oklahoma City.

Willy and the two of us
in Orlando, on vacation,
me, overweight
and her too, we're not young anymore
and we're not in great shape,
but we can't help
but go to parties on the weekend
where everyone drinks beer
and is a cop:
"This is Sergeant McKenzee."
"This is Detective Peters."
In my imagination
este es Cleveland County
mi hogar
where my wife,
before we make love,
leaves her handgun
on the nightstand
and whispers in my ear:
"I love you."
5:10 p.m.
in Chipotle
the policewoman
puts her Coke
in a paper bag
and then she leaves—
without even looking at me,
without saying
when she'll get back
to our imaginary house
in South OKC.

ASCENSO A MEDIODÍA

"¿Cuál es la diferencia
entre un perdedor y un fracasado?"
Escucho la pregunta mientras ascendemos
—bajo el pesado sol de la desnudez—
por esta colina donde nos conocimos hace 20 años.
En aquella época no sabíamos
que algún día volveríamos hasta aquí
para hacernos las mismas preguntas
que nos volvían locos cuando éramos jóvenes.
No hay una línea precisa, supongo
quizás la imposibilidad y el descenso
sean la misma cosa.
"Ahora habitamos la realidad", me dice.
"Imagino que debiéramos saberlo."
Es una afirmación expresada
sin odio ni vehemencia,
pues ya no tenemos nada
que nos pueda ser arrebatado
en nombre de una hipotética verdad.
Estos años nos han vaciado
y ya no somos ni los primeros ni los mejores
quizás solo seamos cierta forma de persistencia,
una palabra atrapada en la memoria.
Ahora subimos la colina
dejándonos abrasar por el calor del verano
mientras los insectos chirrían
bajo la tierra quemada por el sol.
No hemos visto la aurora. Es cierto
pero no estamos muertos todavía.
"¿Es esa una respuesta?", me pregunta.
"No lo sé", contesto.
Pero debiéramos tratar de saber

NOON ASCENT

"What's the difference
between a loser and a failure?"
I hear the question while we ascend
—under the heavy sun of nakedness—
the hill where we met 20 years ago.
Back then we didn't know
we would one day come back
to ask ourselves the same questions
that drove us crazy when we were young.
There's no such thing as a straight line, I suppose
perhaps impossibility and descent
are the same thing.
"Now we live in reality," he tells me.
"I guess we should know it."
It's a claim put forth
with neither hate nor vehemence,
since we have nothing anymore
that could be taken from us
in the name of a hypothetical truth.
These years have emptied us out
and now we are neither the first nor the best;
perhaps we are just some sort of persistence,
a word trapped in one's memory.
Now we climb the hill
letting the summer heat scorch us
while the insects chirp
under the sunburned ground.
We haven't seen the dawn. It's true,
but we are not dead yet.
"Is that an answer?" he asks.
"I don't know," I answer.
But we should try to find out

si ese desconocimiento constituye un fracaso
o es simplemente la forma que adquiere la vida
cuando se han desperdiciado los días
sin expresar una forma de voluntad.
"Es mediodía", dice
(como si no escuchara). Y el calor
ya ha dejado de sacudirnos
incluso antes de llegar a la cima.

if this unknowing constitutes a failure
or is simply the form life assumes
when one's days have been wasted
without their consent.
"It's noon," he says
(as if he weren't listening). And the heat
has stopped battering us
before we even reach the top.

SERGEI EUGENIEV

Para Rachick Virabyan

La última vez lo vi en Sprouts,
la tienda de comida natural.
Es armenio
(como William Saroyan),
hablamos del tiempo,
Pushkin y los Thunder,
el equipo de basquetbol de Oklahoma City.
Anoche sin embargo
apareció en uno de mis sueños.
En este sueño
se llamaba Sergei Eugeniev,
y estábamos en San Petersburgo.
Al parecer la Segunda Guerra Mundial
había terminado hacía solo un año
y nosotros permanecíamos en silencio
en medio de un elegante salón
con grandes lámparas de cristal
colgadas del techo.
No sé cómo lo supe,
pero en mi sueño Sergei Eugeniev y yo
éramos instructores de baile
y llevábamos trajes del tiempo del Zar.
No vi a nadie más,
sólo a Sergei y su impecable traje azul.
Eso es todo lo que recordé al despertar.
Ahora que lo pienso
en mi sueño no vi a Pushkin
ni a la hermosa Natalia Goncharova,
tampoco fui a la tienda de comida natural
ni nadie mencionó a los Oklahoma City Thunder.

SERGEI EUGENIEV

For Rachick Virabyan

The last time I saw him was in Sprouts,
the whole foods store.
He's Armenian
(like William Saroyan);
we talked about the weather,
Pushkin and the Thunder,
the OKC basketball team.
Last night, nonetheless,
he turned up in one of my dreams.
In this dream
he was called Sergei Eugeniev,
and we were in St. Petersburg.
Apparently, World War II
had ended just a year before
and we stood silent
in the middle of an elegant salon
with huge crystal chandeliers
hanging from the ceiling.
I don't know how I knew,
but in my dream Sergei Eugeniev and I
were dance instructors
wearing suits from the days of the Czar.
I saw no one else,
just Sergei in his spotless blue suit.
That's all I remembered when I woke up.
Now I think about it,
I did not see Pushkin in my dream
nor the beautiful Natalia Goncharova,
nor did I go to the whole foods store
and nobody mentioned the OKC Thunder.

EL TOYOTA DE LOS DAVIS

En los suburbios de Pittsburgh
los rusos juegan ajedrez
y recuerdan ciudades con extraños nombres.
En Shadyside la nieve cubre las calles
y cuando apenas son las 7:30 de la mañana
salgo rumbo a la universidad.
Tres trabajos y cinco cursos
en una ciudad rodeada de ríos.
El viento es cortante e impide respirar
pero no se trata de eso
sino de avanzar, de salir de aquí
eludiendo el invierno y las trampas
esparcidas por todos lados.
"No hay manera de regresar a Chile"
(eso es lo que me digo). Ya estamos
sobre la interminable autopista
donde todos comenzamos a volvernos locos
lentamente. Pero no siempre fue así.
Todo comenzó en Cincinnati,
hace algunos años, cuando con Rosario
atravesábamos la ciudad en auto
para ir a buscar a su hija Olivia al Ballet.
También nevaba y hacía frío
y nos confiábamos en un viejo Toyota
para bajar por Over The Rhine,
llegar hasta el centro y regresar a casa
antes de las nueve de la noche.
En esa época yo no imaginaba que un día
llegaría a vencer la nieve con mi propio cuerpo.
Camino ahora hacia la universidad,

THE DAVIS'S TOYOTA

In the suburbs of Pittsburgh,
the Russians play chess
and recall cities with strange names.
In Shadyside, snow covers the streets
and as soon as it turns 7:30 a.m.
I head out for the university.
Three jobs and five courses
in a city ringed by rivers.
The wind is cutting and it's hard to breathe,
but it's not about that,
it's about moving forward, getting out of here,
dodging the winter and the traps
laid everywhere.
"There's no way back to Chile"
(this is what I tell myself). We're already
on the endless highway
where we all start going crazy
(slowly). But it wasn't always this way.
It all started in Cincinnati
a few years ago, when Rosario and I
used to cross the city by car
to pick up her daughter Olivia at the Ballet.
There too it was snowing and cold
and we trusted an old Toyota
to get across Over-the-Rhine,
hit downtown and make it home
before nine.
Back then I would never have thought that one day
I would come to conquer the snow with my own body.
Now I walk toward the university,

la nieve se ha endurecido y es peligrosa,
vuelvo a subirme al viejo Toyota.
Rosario acelera y las ruedas giran en vano
dispersando trabajosamente la nieve y el barro
a los costados de la calle. Pero no avanzamos,
solo damos vueltas en círculos
y reímos y reímos sin saber por qué
hasta que el invierno pasa
y encontramos otra cosa mejor que hacer aquí.

the snow has hardened and is dangerous,
I get back in the old Toyota.
Rosario steps on the gas and the wheels spin in vain,
laboriously flinging snow and mud
up the sides of the street. But we don't move on,
instead we spin in circles
and laugh and laugh, not knowing why
until the winter passes by
and we find something better to do here.

ANTES DE REGRESAR A SAN ANTONIO

"¿Y para qué lees a todos esos babosos?", me pregunta
mientras cierra la persiana de su boliche
y hace sonar las llaves en su bolsillo.
"Allá afuera." Y me indica un páramo desierto
donde los coyotes son como sombras muertas
en el inmenso espacio del silencio.
"Hay un misterio muchísimo más cojonudo
que todos los misterios encerrados en tus libros."
Miro mi morral y veo mis desordenados apuntes,
también están los libros que he pedido en la biblioteca
los cuales tengo que devolver cuando regrese a San Antonio.
Don Lupe me mira como si yo no entendiera nada
y se despide diciéndome que vendrá al otro día.
Y allí me quedo mirándolo mientras se aleja,
pensando en ese páramo cercenado por el calor
que se abre ante mí a plena luz del día.

BEFORE GOING BACK TO SAN ANTONIO

"What do you read all those dumbasses for?" he asks me
as he shuts the shop blinds
and the keys jingle in his pocket.
"Out there." And he points at a barren desert
where the coyotes are like dead shadows
in the immense space of silence.
"There's a mystery way fuckin' bigger
than all the ones locked in your books."
I look in my bag and see my messy notes,
as well as the books I borrowed from the library,
which I must return when I go back to San Antonio.
Don Lupe looks at me as if I didn't understand a word
and says goodbye, telling me he'll be back tomorrow.
And there I stay, watching him gain distance,
thinking of that desert, cut off by the heat,
that opens up before me in broad daylight.

EL PASADO DAÑA A LOS MÁS JÓVENES

No hables de la memoria
si no tienes nada que recordar.
No hables de un pueblo perdido
en las polvorientas avenidas de la infancia
si no has perdido tu propia casa
ni te has perdido en el bosque
donde silba un desconocido.
No hables de los muertos
si la helada mano de la muerte
no ha golpeado tu propia puerta.
Pero esta mañana de febrero
yo he hablado de estas cosa,
y he desatendido todos los consejos.
El cielo estaba despejado
y el sol entraba por las ventanas.
Me sentía inspirando
leyendo poemas de Jorge Teillier
mientras veinte rostros ausentes
me miraban sin comprender.
"¿Para qué tanta nostalgia?"
"¿A quién le importa la sombra
de los castaños en una plaza aldeana
o los poemas que alguien alguna vez leyó
en trenes que siempre se atrasan?"
Ryan no ha venido hoy.
Kristal abandonó el curso.
Anna mira disimuladamente su celular.
Vásquez trata de entender,
pero no entiende nada.
En esos ojos grises y cansados
que ahora me contemplan
no hay nada, lo sé, así debe ser;

THE PAST HURTS THE YOUNGEST

Don't speak of memory
if you have nothing to remember.
Don't speak of a town lost
in the dusty avenues of infancy
if you haven't lost your own home
and you haven't been lost in the forest
where a stranger whistles.
Don't speak of the dead
if the frozen hand of death
hasn't knocked on your own door.
But this February morning
I have spoken of such things,
and ignored all the advice.
The sky was clear
and the sun came in through the windows.
I felt inspired
reading poems by Jorge Teillier
while twenty absent faces
looked at me, not understanding.
"Why so much nostalgia?"
"Who cares about the shadow
of chestnut trees on a village square
or poems someone once read
on trains that always came late?"
Ryan didn't show up today.
Kristal dropped the course.
Anna looks sneakily at her cell phone.
Vásquez tries to understand,
but he understands nothing.
In those tired, gray eyes
that watch me now
there is nothing, I know, that's how it must be,

como una pantalla de televisión apagada
donde no hay ninguna historia que contar.
Y sin embargo, en esa misma pantalla,
veo a un niño construyendo
un castillo de arena frente al océano,
ese niño acaba de estar en esta sala
ahora es un viejo y está abatido.
Esta mañana ha recordado un poema
donde alguien decía que en un país llamado Chile
los trenes siempre se atrasan bajo la lluvia.

like a turned-off TV screen
where there is no story to tell.
And nonetheless, on that same screen,
I see a little boy building
a sandcastle by the sea,
that boy who was just in this room
is an old man now and is crushed.
This morning I remembered a poem
where someone says, in a place called Chile,
the trains always come late under the rain.

27 CENTS EN BALTIMORE

Estoy solo
ahora
en Baltimore.
El bar se llama 27 cents
y estoy solo
mascullando palabras blandas y conformistas,
como los borrachos que vienen a este bar
a beber cerveza después del trabajo
y escuchan una banda de rock & roll
cuyas canciones suenan siempre desafinadas.
A este bar jamás llegará la revolución,
sus clientes están ciegos e impedidos,
hombres duros y solitarios, con grandes
tatuajes verdes, hablando una jerga
en un inglés salpicado de malas palabras.
Estos hombres nunca verán arder los arenales
donde los inconformistas queman
los fantasmas del pasado y el presente,
donde el futuro no existe,
donde las cosas cambian sin orientación alguna
sólo para que el mundo baile un poco más
antes que se acabe la música de la perrera.

En Baltimore cada uno esta solo,
(a su manera)
que es la única manera que existe en este país——
la de los perros,
la de los borrachos que no saben distinguir
entre el verdadero rock & roll
y una pandilla de músicos borrachos.

27 CENTS IN BALTIMORE

I'm alone
now
in Baltimore.
The bar is called 27 Cents
and I'm alone
mumbling soft, conformist words
like the drunks who come to this bar
to drink beer after work
and hear a rock & roll band
whose songs are always out of tune.
The revolution will never reach this bar,
its patrons are blind and disabled,
hard, solitary men with big
green tattoos, speaking an argot
of English peppered with curse words.
These men will never see the burning sands
where the nonconformists set alight
the ghosts of past and present,
where the future ceases to exist,
where things change entirely without guidance
all so the world can dance a little longer
before the music shuts off in the pound.

In Baltimore everyone is alone
(in his own way)
which is the only way to exist in this country—
the way of dogs
the way of drunks who can't tell the difference
between true rock & roll
and a crew of drunken players.

COMO UNA PINTURA DE EDWARD HOPPER

Domingo, 11 de la mañana
salgo a correr.
Un caluroso día de verano
en un tranquilo suburbio de América:
casas de dos pisos
blancas y perfectas.
A veces veo una bandera
curvándose lentamente
a causa del viento.

En mi ipod
el profesor Markus habla
sobre cómo un filósofo francés
se propuso demoler
la metafísica occidental
con un juego de manos.
Hemos enloquecido,
el mundo ha enloquecido
y la muerte no significa nada.
Por eso corro,
por eso todos corremos.

De pronto,
desde detrás de un auto,
emerge sin aviso
un inmenso perro negro.
Es un pitbull,
ladra
y furioso corre hacia mí.
Es un asesino profesional
y viene a acabar
con mi escepticismo

LIKE AN EDWARD HOPPER PAINTING

Sunday, 11 a.m.
I go running.
A hot summer day
in a sleepy American suburb
two-story houses
white and perfect.
Sometimes I see a flag
slowly curling
in the wind.

On my iPhone
Professor Markus tells
how a French philosopher
set out to destroy
Western metaphysics
using sleight of hand.
We've gone mad,
the world has gone mad
and death means nothing.
So I run,
so we all run.

Suddenly,
from behind a car,
a huge black dog
pops out without warning.
A pit bull,
he barks
and runs toward me, mad.
A trained killer
he's come to put an end
to my skepticism

y mi pasión por los dinamiteros
clandestinos de Francia,
sin embargo, algo me impide huir.
Me detengo y lo veo acercarse.
Al mismo tiempo pienso
que si la filosofía
en verdad sirve de algo,
debiera servir para enfrentar
la súbita presencia del desastre.

Cuando está a un metro de mí
se detiene, lo miro,
él me devuelve la mirada.
Una pared de calor y bruma
nos separa y nos acerca
simultáneamente.
¿Será siempre así la metafísica?
¿Como un perro
ladrando a la distancia,
como si fuéramos a morir
pero finalmente nos salva
la certeza de estar solos
frente a una amenaza transitoria?

El perro ladra
pero no puedo escucharlo.
Sus ladridos
han dejado de pertenecerle
y se dispersan en el aire
como si el sonido
pudiera deshacerse
con la mirada.
Comienzo a correr de nuevo
alejándome de él.
Sin embargo, después de media cuadra

and my passion for the underground
dynamite planters of France,
but still, something keeps me from running away.
I stop and he comes closer.
And I think
if philosophy
serves any purpose
it should serve to stand up
to the abrupt presence of disaster.

A meter off from me
he pauses, I see him,
and he meets my gaze.
A wall of heat and haze
separates us and brings us together
simultaneously.
Is metaphysics always like this?
Like a dog
barking in the distance,
as if we were about to die
but were saved, in the end,
by the certainty of being alone
before a transitory threat?

The dog barks
but I cannot hear him.
His barks
are his no longer
and they fade into the air
as if sound
could be undone
with a glance.
I run again
getting away from him.
But half a block later

me vuelvo y lo miro.
Está allí todavía, inmóvil, en silencio,
entre dos hileras de grandes árboles
como una pintura de Edward Hopper.
Es real y no lo es,
y sin embargo no deja de observarme.
De pronto, da media vuelta
—y entre las palabras del profesor Markus
y un par de tarros de basura—
desaparece sin hacer ruido.

I turn around and look.
He's still there, still, and silent,
between two rows of tall trees
like an Edward Hopper painting.
He's real and he is not,
and nonetheless he keeps his eyes on me.
Then, suddenly, he turns away
and—between Professor Markus's words
and a couple of trash cans—
disappears without a sound.

UNA CAJA DE PAREDES BLANCAS

A las dos de la mañana
sentado al borde de la bañera
me dejo devorar
lentamente
por los perros del insomnio.
Hay libros y ropa en el suelo
y a través de la ventana
el cielo se ve negro y cerrado,
los minutos pasan en cámara lenta
como si algo fuera apagándose
para siempre.
Me miro los dedos de los pies
sin ver nada más que mis dedos
gordos y estúpidos;
termino entonces mi última copa de vino.
Después de tantos intentos,
después de tantos libros,
después de ir a tantas partes,
como si arrancara de una enfermedad terminal,
la fuerza que antes parecía persistir en mí
esta noche comienza a decaer
como si destazara a un animal moribundo,
como un pedazo de hielo
derritiéndose dentro de una caja
de paredes blancas y frías.

A BOX WITH WHITE WALLS

At two in the morning
sitting on the edge of the bathtub
I let myself be eaten
slowly
by the dogs of insomnia.
There are books and clothing on the floor
and through the window
the sky looks black and overcast;
the minutes pass in slow motion
as if something were switching off
for the last time.
I look at my toes
and see nothing
but my stupid, fat toes;
then I finish my last glass of wine.
After so many tries,
after so many books,
after going so many places,
as if stripped by a terminal illness,
the strength that once seemed to last in me
began to flag tonight
like a dying animal butchered,
like a piece of ice
melting in a box
with cold, white walls.

Y TE LLAMARÁS HUÉRFANO

A veces
es bueno mirar hacia atrás
y observar la raíz
desde donde hemos venido
a este mundo
porque en un momento
raspante y único
esa raíz dejará de existir
y se apagará.
Algo crujïrá
bajo nuestros pies,
algo te impactará
en el rostro
(como una bofetada)
y solo entonces
te podrás llamar a ti mismo
huérfano.

YOU WILL CALL YOURSELF AN ORPHAN

Sometimes
it's good to look back
and observe the root
from which we came
to this world
because at some rough
and unique moment
that root will cease to exist,
extinguished.
Something will crack
beneath our feet,
something will hit you
(like a slap
in the face)—
only then
can you call yourself
an orphan.

KENWOOD MALL

Para Rosario Davis

10 años después
camino mirando las mismas vitrinas,
repito el nombre de las tiendas en voz baja
como si fuera una oración sagrada y personal:
Guess, Dakota Watch Co., Pandora, Oakley.
La gente me parece la misma,
los ancianos que apenas pueden caminar,
los niños lanzándose desde el viejo tobogán amarillo,
un grupo de atractivas y ruidosas adolescentes
comprando baratijas chinas.
En un pilar junto a la salida principal
todavía está el cajero automático de PNCBank,
los vendedores han envejecido,
yo también he envejecido,
he engordado y me cuesta respirar.

Han pasado 10 años
y vuelvo aquí como un nostálgico cazador
para encontrarme con esta fría
estructura de concreto y metal.
Ese primer invierno en Cincinnati
estaba solo y lejos de Chile
y mi inglés era apenas entendible.
Ese invierno una tormenta de nieve
sepultó la ciudad bajo una capa blanca y espesa.
Fue entonces cuando comencé a venir aquí
todas las semanas,
como si pensara que el rigor de este rito
me podía acercar al milagro.
En esa época todo me recordaba a Chile,

KENWOOD MALL

For Rosario Davis

10 years later
I walk past, watching the same shop windows,
I repeat the stores' names to myself
as if they were some sacred, personal prayer:
Guess, Dakota Watch Co., Pandora, Oakley.
The people seem the same,
the old men who can barely walk,
the kids shooting down the yellow slide,
a group of cute, noisy teenagers
buying junk made in China.
On a column by the main way out
is the same PNC Bank ATM,
the sales associates have gotten older,
I've gotten older too,
and fatter, and I'm out of breath.

10 years have passed
and I come back here like a nostalgic hunter
to find myself in this cold,
concrete, metal structure.
That first winter in Cincinnati
I was alone and far from Chile
and my English was barely comprehensible.
That winter, a snowstorm
buried the city under a thick, white blanket.
That was when I started coming here
every week,
as if believing the rigor of this rite
might bring me closer to a miracle.
Back then everything reminded me of Chile,

ya no, ahora vivo en el sur, cerca de Texas,
en un pueblo rodeado de extensas planicies rojas.
Pero hace diez años era invierno
y había una tormenta en Cincinnati.

but no longer. I live in the south now, close to Texas,
in a town surrounded by wide red plains.
But ten years ago it was winter
and there was a storm in Cincinnati.

LA COMADREJA LITERARIA

Después de la ducha me miro al espejo.
"Es el cuerpo de un viejo", me digo,
"espalda grande y nalgas pequeñas
además, mis piernas son largas y delgadas.
Como un cono de tránsito, pero invertido."
No se trata de un leopardo joven
o de un tiburón adulto en medio del océano,
más bien de una comadreja literaria
con seguro de salud y ahorros para su jubilación,
una tierna y gorda comadreja
cuyos movimientos son lentos y embarazosos.
Me visto, riego las plantas
y voy a la cocina a preparar el almuerzo.
En la puerta del refrigerador
veo reflejada la borrosa imagen de mi rostro asustado.
"Es la comadreja literaria", exclamo.
"Apuesto que hoy también piensa escribir algo."
La comadreja me sonríe y desaparece.
"Todavía hay tiempo", pienso.
El tigre de mi mente da entonces mil saltos felices
y comienza a correr enloquecido,
un tiburón se abalanza sobre su presa y la mata;
mientras tanto la comadreja literaria
corta la carne, pela cebollas y prepara
su acostumbrado guiso matinal.

THE LITERARY WEASEL

After my shower I look at myself in the mirror.
"That's an old man's body," I say to myself,
"wide back and small buttocks,
and my legs are long and thin
like upside-down traffic cones."
This is no young leopard,
no mature shark in the middle of the ocean,
but rather a literary weasel
with health insurance and retirement savings,
a soft, plump weasel
whose movements are slow and embarrassing.
I get dressed, water the plants,
and go to the kitchen to make breakfast.
In the fridge door
I see the blurry image of my frightened face reflected.
"It's the literary weasel," I exclaim.
"I bet the weasel also plans to write something today."
The weasel smiles at me and disappears.
"There's still time," I think.
Then the tiger of my mind jumps a thousand jumps for joy
and begins to run like crazy,
a shark strikes out against its prey and makes the kill;
meanwhile the literary weasel
cuts the meat, peels onions and prepares
its customary morning fare.

CASUALIDAD

"Los amigos los escoge la vida", dice la canción.
"La vida no escoge nada, pendejo."
"Nosotros escogemos", dicen
los mexicanos sentados en la esquina del bar.
Hace veinte años yo era como esos hombres
que ahora beben cerveza ruidosamente
y se miran con una curiosa intensidad.
Quien escoge no tiene importancia,
quien escoge, también un día, deja de escoger.
Entonces pienso que la amistad
es como la buena suerte:
una casualidad que nos acerca a la fe.

COINCIDENCE

"Life picks your friends," says the song.
"Life don't pick nothing, pendejo."
"We pick," say
the Mexicans sitting at the corner of the bar.
Twenty years ago I was like those men
who now drink beer noisily
and meet each other's gaze with a curious intensity.
It doesn't matter who picks,
whoever picks someday stops picking.
Then I think friendship
is like good luck:
a coincidence pulling us closer to faith.

TE ODIO

No hay tráfico
la ciudad se ha vaciado.
Desde el balcón
observo la carretera a Dallas.
Es viernes, 9 de la noche.
Todo el mundo se ha ido.
Yo debería irme también,
dejar por fin este injusto lugar.
"¿Qué haces allá afuera?", grita Holly.
No respondo.
Entro, me acuesto y la abrazo.
"Te odio", me dice.
"Yo también", respondo.
"¿Me odias?", pregunta sorprendida.
"No, yo también me odio."
Silencio. Apago la luz.
De pronto escucho el sonido de un auto
pasando a toda velocidad por la carretera.
"Te odio", exclamo.

I HATE YOU

There is no traffic,
the city emptied out.
From the balcony
I watch the highway to Dallas.
It's Friday, 9 p.m.
Everyone's gone.
And I should go too,
get out of this unjust place.
"What are you doing out there?" Holly yells.
I don't answer.
I go in, lie down, and embrace her.
"I hate you," she tells me.
"Me too," I respond.
"You hate me?" she asks, surprised.
"No, I hate myself too."
Silence. I turn off the light.
And suddenly I hear the sound of a car
driving at top speed down the highway.
"I hate you," I shout.

CONGRESO DE POESÍA

Después de 10 años de vivir fuera de Chile,
pensé que los poetas
ya habrían arreglado todas sus disputas
pero (como siempre) me equivocaba.
Al llegar al aeropuerto
Neruda estaba tratando de golpear a Huidobro.
"¡Este hijo de puta!", gritaba.
"Habla mal de mí en todos lados."
En el lobby del hotel me encontré con De Rokha.
Estaba borracho como una cuba,
afuera alguien había amarrado a un poste
un caballo pintado de verde.
"Te prometo que voy a partirle la cara", me susurró
al oído y luego se quedó dormido.
Supongo que sé a quién se refería.
Era el hotel de los poetas y los críticos.

Durante el Congreso alguien afirmó
que había que comprender
el cuerpo como un espacio ideológico
y por todas partes se oían
los graznidos de los cuervos de la muerte
devorándose el cuerpo reseco del espacio ideológico.
La Dra. Weismeister habló de Bolaño
y todos se reían y reían sin parar.
"No sé qué es lo que les causa tanta gracia!", exclamó.
"Tú, preciosa, tú eres la gracia."
Era Bolaño desde el inframundo de Comala.
"Tú eres la mayor gracia del mundo", le dijo.
Allá estaba con Rulfo
hablando de los jóvenes poetas de Sudamérica
y los muertos que caminan como borrachos

POETRY CONFERENCE

After 10 years living outside Chile,
I thought the poets
would have sorted out their quarrels
but (as always) I was wrong.
When I got to the airport
Neruda was trying to land a punch on Huidobro.
"That son of a bitch!" he shouted.
"He's always talking shit about me."
In the hotel lobby I came across De Rokha,
who was blind drunk,
outside someone had tied
a horse painted green to a lamppost.
"I'll break his face, I swear," he whispered
into my ear before passing out.
I suppose he knew who he was talking about.
It was a hotel for poets and critics.

During the Conference someone claimed
we must understand
the body as an ideological space
and everywhere rang out
the cawing of the crows of death
devouring the dried-out body of ideological space.
Dr. Weismeister spoke on Bolaño
and everyone laughed and laughed without end.
"I don't know what you find so funny!" she exclaimed.
"You, darling, you're so funny."
It was Bolaño, speaking from the underworld of Comala.
"You're the funniest thing in the world," he said.
He was down there with Rulfo
speaking on the young poets of South America
and the dead who walk like drunks

entre iglesias oscuras y abandonadas.
Al parecer, los perros románticos
habían cedido su lugar a los perros rabiosos de Chile.
Luego llegaron los poetas jóvenes.
Dijeron estar trabajando
la poética del resentimiento y la ternura
(todo al mismo tiempo).
Leían poemas desde sus celulares
y cuando no leían
revisaban sus cuentas de Facebook.
Así era cómo nos divertíamos
en el último agujero de dios.
Yo estaba con Huidobro
sentado al final de la sala de lecturas.
Le pregunté qué le parecía todo esto.
Huidobro se encogió de hombros.
"Yo lo hacía mejor a esa edad", afirmó.
En eso llegó De Rokha con Neruda.
Pensé que la cosa iba a ponerse fea.
"Vámonos a tomar un trago, Bicho", pidió Neruda.
"Estos poetas me aburren."
"Sí, vamos", dijo el otro Pablo
(todavía se veía un poco mareado)
"Luego nos daremos de puñetazos afuera del hotel."
"Fantástico", contestó Huidobro. "No esperaba menos."
Entonces Neruda me apuntó con el dedo:
"¿Y éste?", preguntó.
Los tres me miraron sin decir nada.
Huidobro se volvió a encoger de hombros.
"Vamos", dijo Neruda.
Me levanté y me fui con ellos.

between dark, abandoned churches.
It seems the romantic dogs
have given up their spot to the rabid dogs of Chile.
Then the young poets arrived.
They said they were working on
the poetics of resentment and tenderness
(all at once).
They read poems off their cell phones
and when they weren't reading
they checked Facebook.
And that was how we distracted ourselves
in god's last hole.
I was with Huidobro
sitting in the back of the reading room.
I asked him what he made of all this.
Huidobro shrugged his shoulders.
"I was better at their age," he claimed.
Then De Rokha showed up with Neruda.
I thought things were about to get dicey.
"Let's have a drink, Bicho," suggested Neruda.
"These poets bore me."
"Yes, let's," said the other Pablo
(who still looked a little tipsy),
"Then we'll duke it out by the hotel."
"Fantastic," answered Huidobro. "I expected nothing less."
Then Neruda pointed a finger at me:
"And this one?" he asked.
The three of them looked at me, not saying a word.
Huidobro shrugged his shoulders again.
"Let's go," said Neruda.
I stood up and went with them.

ABEER FAKHRY

Para Hossam Barakat

Abeer Fakhry es musulmana y vive en El Cairo.

Mi amigo Musim también es de El Cairo,
pero hace 10 años que no vive en Egipto.
Musim enseña árabe en la Universidad,
y su corazón tampoco es de aquí
está hecho con el pavimento de la Plaza Tharir.
Mi amigo Musim se perdió la revolución
y ahora tiene un sueño que flota
entre las banderas de los manifestantes
y los balazos de la policía.

Hace 3 meses cayó el gobierno de Mubarak,
sin embargo, anoche 12 personas murieron en Egipto.
Abeer Fakhry se convirtió al islam por amor
y los cristianos la secuestraron también por amor.
12 personas murieron
en el distrito más pobre de El Cairo.
Los hijos de Cristo
le dispararon a los musulmanes,
los discípulos de Mahoma
quemaron las iglesias de los cristianos ortodoxos.

Musim me llama por teléfono.
Son las 11 de la noche en Norman-Oklahoma.
"Me gustaría que la revolución triunfara", me dice.
"Ahora hemos ganado, pero tenemos que perdurar."
Mientras hablo con Musim
veo las noticias en la televisión.
C.NN reporta, los 12 muertos de Ibaba

ABEER FAKHRY

For Hossam Barakat

Abeer Fakhry is a Muslim and she lives in Cairo.

My friend Musim is from Cairo too,
but hasn't lived in Egypt for 10 years.
Musim teaches Arabic at the University,
and his heart is not from here either—
it is made of Tahrir Square pavement.
My friend Musim missed the revolution
and now he has a dream that bobs
among protest flags
and police bullets.

Mubarak's government fell 3 months ago,
and still 12 people died last night in Egypt.
Abeer Fakhry converted to Islam for love
and the Christians kidnapped her also for love.
12 people died
in Cairo's poorest neighborhood.
The children of Christ
shot the Muslims,
the disciples of Muhammad
burned the churches of the Orthodox Christians.

Musim calls me on the phone.
It's 11 p.m. in Norman, Oklahoma.
"I hope the revolution succeeds," he says.
"We've won for now, but we have to make it last."
While I talk to Musim
I watch the TV news.
CNN reports: the 12 dead in Imbaba

77

no los han asesinado los hombres de Mubarak.
"¿Por qué existe dios?", me pregunta Musim
"Para entender lo que no podemos entender", respondo.
"Pero, ¿qué es lo que no entendemos?", termina.

Bajo el cielo azul de El Cairo
las calles siguen abarrotadas de multitudes que protestan.

were not killed by Mubarak's men.
"Why does god exist?" Musim asks me
"To understand what we can't understand," I answer.
"But what don't we understand?" he ends.

Under the blue sky of Cairo
the streets are still thick with crowds who protest.

CAMINO A HOT SPRINGS

Como ese apóstol que no sabía amar a Jesucristo
me fui alejando de la fe de dios.
A las siete de la tarde
llegué al hotel,
a las 7:15 desfallecía en la cama
preso de las fiebres de la fe
y de los tormentos de mi alma envilecida.
Mientras tanto las luces del estacionamiento
se filtraban por la cortinas baratas de mi habitación
y oía pasar a alguien caminando por el pasillo.
"Estoy solo", pensé,
como uno de esos malos apóstoles
camino a Sanabria
aburrido de la prédica
y de las bondades de El Salvador.
"Estoy solo como el mismísimo Jesucristo", repetí.
Afuera la carretera, la inmensidad
y toda la soledad de dios y Estados Unidos
se mezclaban en silencio.
Déjame aquí, Señor, en Hot Springs (Arkansas),
en este miserable cuarto de hotel
donde el agua de la llave sale sucia y marrón.
Pero el hotel no es miserable
y el agua es limpia y transparente.
"Debo estar soñando", me decía.
Me tiendo en la cama
asfixiado por el aire de Arkansas
y duermo por horas y horas.
Estaba todavía acostado cuando vinieron por mí
y me llevaron al hospital.
Vi el rostro de mi mujer desencajado y lloroso
y pensé que seguía soñando.

ON THE WAY TO HOT SPRINGS

Like that apostle who didn't know how to love Jesus
I moved ever further from faith in god.
At seven in the evening
I arrived at the hotel,
at 7:15 I was passing out in bed
held captive by the fevers of faith
and the torments of my tarnished soul.
Meanwhile the parking lot lights
filtered in through my room's cheap curtains
and I heard someone walking down the hall.
"I'm alone," I thought,
like one of those bad apostles
on the way to Sanabria,
bored of the sermons
and the goodness of the Savior.
"I'm alone like Jesus Christ himself," I repeated.
Outside, the highway, the immensity
and all the solitude of god and the United States
combined in silence.
Leave me here, Lord, in Hot Springs, Arkansas,
in this miserable hotel room
whose tap water comes out brown and dirty.
But the hotel isn't miserable
and the water, clean and clear.
"I must be dreaming," I tell myself.
I stretch out on the bed
suffocated by the Arkansas air
and I sleep for hours and hours.
I was still lying down when they came for me
and took me to the hospital.
I saw my wife's face, shaken and tearful
and thought I was still dreaming.

Déjame, Señor, tranquilo en medio de la nada,
en esta camilla de la sala de emergencias
soportando mi descreimiento,
rodeado de estas putas borrachas
que me miran con lástima
y estos hombres heridos en estúpidas peleas de bar.
A las nueve apagué la luz y me volví a dormir,
estaba tan cansado como un mal apóstol
y yo ni siquiera me había puesto a caminar.

Leave me, Lord, at peace in the midst of nothing,
on this stretcher in the emergency room
enduring my disbelief,
surrounded by these drunk women
who look at me with pity
and these men injured in stupid bar fights.
At nine I turned off the light and went back to sleep;
I was as tired as a bad apostle,
and I hadn't even started walking.

SEMINARIO DE POSGRADO

Hola profesor,

Voy a llegar tarde
(30-45 minutos)
a nuestra clase
porque tengo
que llevar mi perrito
al veterinario
a las 2:30.

Saludos,
Raquel

GRAD SEMINAR

Hola profesor,

I'm going to be late
(30–45 minutes)
to our class
because I have
to take my puppy
to the vet
at 2:30.

Saludos,
Raquel

AL FINAL DE LA CALLE

Al final de la calle
veo una manada
de doradas panteras
cruzar Gray Ave.,
galopan
como si estas calles
fueran los mismos
pastizales del infierno
y ellas,
un áspero soplido
expulsado
desde el otro lado del mundo.
Estados Unidos,
martes, 3 de febrero de 2015.
Esto es todo lo que he podido
registrar
hasta la fecha.

AT THE END OF THE STREET

At the end of the street
I see a pack
of golden panthers
cross Gray Ave.,
they gallop
as if these streets
were the pastures
of hell itself
and they were
a harsh gust of wind
expelled
from the other side of the world.
The United States,
Tuesday, February 3, 2015.
This is all I have been able
to document
thus far.

NOÉ PABLOS

Para Sofía

Cuando la conocí se llamaba Noé Pablos.
En Suecia, sin embargo, se cambió de nombre
y se casó con un hombre menor que ella.
No la veía hacía años,
pero, sabía que había tenido un hijo
y vivía en Estocolmo.
Fue mi primera novia
cuando yo era estudiante de ingeniería
y el país estaba ocupado por los militares.
Ayer me llamó por teléfono,
quería que fuera a Suecia en verano.

"Aquí podrás escribir tu Nobel", me dijo.
Así se refería a mis libros, como "mi Nobel."
Yo no le dije que mis libros apenas se vendían.
"Ven por un mes. Te gustará la ciudad."
Pero, ¿qué iba a hacer yo en Suecia?
Eso fue lo que le dije: "¿Qué voy a hacer
en Suecia, Noé? No hay Nobel, no hay nada."
"Ven a verme. Aquí todo es blanco y helado
y a veces no entiendo el idioma. Hoy,
por ejemplo, ha estado nevando todo el día."
Eso dijo y yo la oí claramente.
"¿Te acuerdas cuando vivía frente a la Plaza Perú
y en invierno la lluvia era como una capa brumosa
y espesa que caía morosamente sobre Concepción
y tú me ibas a visitar con ese abrigo negro
que te quedaba grande, pero que creías tan cool?
Hablábamos por horas y horas y me hacías reír."
"Claro que me acuerdo. ¿No volviste

NOÉ PABLOS

For Sofía

When I met her, her name was Noé Pablos.
In Sweden, however, she changed her name
and married a younger man.
I hadn't seen her in years,
but I knew she had a son
and lived in Stockholm.
She was my first girlfriend
when I was an engineering student
and the country was under military occupation.
Yesterday she called me on the phone;
she wanted me to go to Sweden this summer.

"You could write your Nobel here," she said.
That's what she called my books, "my Nobel."
I didn't tell her my books barely sell.
"Come for a month. You'll like the city."
But what was I supposed to do in Sweden?
That's what I asked her: "What am I supposed to do
in Sweden, Noé? There's no Nobel, no nothing."
"Come see me. Everything here is white and frozen
and sometimes I don't understand the language. Today,
for example, it's been snowing all day."
She said this and I heard her clearly.
"Do you remember when I lived on Plaza Perú
and the rain in the winter was like a murky,
thick surface dropping morosely over Concepción
and you would come visit me in that black coat
that was too big for you, that you thought was so cool?
We would talk for hours and hours and you would make me laugh."
"Of course I remember. You never

nunca más a Concepción? ¿Ni siquiera una vez?"
"Muchas veces, pero ya no quedaba nada
a qué echar mano para decir: Esto es mío."
El presente va perdiendo fuerza y sentido
a medida que se comienza a recordar.
"Ven. Tú eres el único amigo chileno que me queda,
el único que conoce mi verdadero nombre."

Y entonces recuerdo cuando Noé se fue de Chile,
una crisálida de alas negras y anaranjadas
comenzaba a desprenderse de su rugosa matriz.
"Es como si fuera otra persona, pero no lo soy.
Ambos hemos cruzado un túnel borroso y ciego,
sumando, sin desearlo, demasiados días sin sentido.
Al menos durante todos estos años
hemos resistido lo mismo en diferentes lugares.
Eso (no digas que no) nos acerca de alguna manera."

Una mariposa dorada ahora levanta el vuelo
esparciendo en el cielo una imprecisa nube de oro.
La veo desde el taxi que me lleva al aeropuerto.
Un sol de fósforo y calor gira alrededor mío
como sin recibiera un mensaje largamente esperado.
Mañana estaré en Estocolmo
y cuando llegue dejará de nevar
y la nieve comenzará a derretirse
y en las calles se formarán delgados espejos de agua.
"Estás igual, no has cambiado nada!", diremos.
Y yo, para entonces, me habré olvidado de Chile.
No escribiré mi Nobel, por supuesto
(ni cualquier otro Nobel). ¿Para qué?
Por una calle de Estocolmo que nunca conoceré
Noé y yo nos caminaremos
hacia la Plaza Perú de Concepción.
Hablaremos de todo y de nada,

came back to Concepción? Not once?"
"Many times, but there was nothing left,
nothing to hold on to and say: This is mine."
The present begins to lose power and meaning
when you start to remember.
"Come. You're the only Chilean friend I have left,
the only one who knows my real name."

And then I remember when Noé left Chile,
a chrysalis of black-and-orange wings
beginning to slough off its wrinkled matrix.
"It's as if I were another person, but I'm not.
We've both gone through a hazy, blind tunnel,
building up, unwillingly, too many senseless days.
At least for all these years
we've resisted the same thing in different places.
That—don't say it doesn't—brings us closer in some way."

Now a gilded butterfly takes flight
spreading an abstract cloud of gold across the sky.
I see her from the taxi that takes me to the airport.
A sun of phosphorous and heat spins around me
as if I were receiving some long-awaited message.
Tomorrow I will be in Stockholm
and when I arrive, it will stop snowing
and the snow will start to melt
and thin mirrors of water will pool in the streets.
"You're just the same, you haven't changed a bit!" we'll say.
And I, by then, will have forgotten about Chile.
I won't write my Nobel, of course
(or any other Nobel). Why do that?
Down a street in Stockholm I will never see
Noé and I will walk
toward Plaza Perú in Concepción.
We'll talk about everything and nothing,

ella me dirá su nombre secreto
y volverá a ser otra vez mi primera novia,
y yo, el discreto estudiante de ingeniería
que detestaba al gobierno y la mala música.

she'll tell me her secret name
and she will become my first girlfriend again,
and I'll be the quiet engineering student
who hated the government and bad music.

EL MILAGRO

Para Lyndsie Stremlow

Escribir para olvidar lo que ya sabemos
y sabemos tantas cosas,
pero no conocemos ninguna de cerca—
no es falta de disciplina, es ausencia de luz.

Pero siempre olvidamos.
Olvidamos, por ejemplo, que morimos lentamente.
Olvidamos que hemos amado
y cómo hemos amado,
como si amar no fuera un milagro,
como si acaso la transparencia
que esa luz nos otorga
pudiera reemplazarse—
lo mejor no podemos alcanzarlo con las manos
porque todo es un sueño vasto y numeroso
donde soñamos que escribimos un poema
y hay luz, hay tanta luz
que tal vez
este sea
el milagro
que tanto hemos buscado.

THE MIRACLE

For Lyndsie Stremlow

Write to forget what we already know
and we know so many things,
but are unfamiliar with anything up close—
not a lack of discipline but an absence of light.

But we always forget.
We forget, for example, that we die slowly.
We forget we have loved
and how we have loved,
as if to love were not a miracle,
as if the transparency
this light provides us
could be replaced—
we cannot reach the best with our hands
because it's all a vast and numerous dream
where we dream we write a poem
and there is light, so much light
that maybe
this could be
the miracle
we've sought for so long.

¿QUÉ FUE TODO ESTO?

¿Qué fue todo esto?
¿Una inusual forma de amor?
¿Una estrategia para combatir
contra lo que pensábamos
era la verdadera crueldad?
Y aunque no lo sabíamos
corrimos durante años,
como niños testarudos
tratando de encontrar
esas iglesias luminosas,
esas playas remotas
donde los peces
no tenían nombre ni rumbo
y eran dorados
como el oro que buscábamos—
alguien, antes de desplomarse,
entonces
quiso hacerle un tajo al cielo
e indicarnos otro camino.

WHAT WAS ALL THAT?

What was all that?
Some unusual form of love?
A strategy to combat
what we thought
was true cruelty?
And we didn't know it
but we ran for years
like stubborn children
trying to find
those glistening churches,
those distant beaches
where the fishes
had neither name nor course
and were golden
like the gold we sought—
someone, then,
before collapsing,
tried to cut a slash through the sky
and show us another way.

THE PARKING LOT

> …*the look of a man who had made*
> *the devil's bargain and knew he had lost.*
> —J. G. BALLARD, *The Atrocity Exhibition*

¿Qué hay más allá de este estacionamiento
rodeado de planicies e interminables suburbios?
Un espacio salvaje todavía sin conquistar
y un cielo cerrado como una espesa mancha gris—
algo nos aplasta como un manto ominoso y cruel.

Me estaciono cerca de la entrada de Walmart.
El lugar está casi vacío y llueve.
Domingo por la mañana,
solo los locos se levantan tan temprano.
Leo las letras blancas sobre un fondo azul
y una inexplicable estrella amarilla:
"Walmart", repito. "You bastard!"
Dejo el motor encendido
y el parabrisas comienza a volverse borroso.
Levanto mi mano y la poso en el vidrio
como si pudiera modificar el dibujo
que va a apareciendo allá afuera.
Sobre los carros de compras (amontonados
a un costado del estacionamiento)
revolotea una bandada de pájaros negros
como una exhibición atroz de lo se avecina.
Son flacos y su plumaje parece áspero
y sucio como sus rasposos graznidos.
"No es raro, a esta hora salen los enfermos
en busca de las ofertas de fin de semana."
El pavimento se ha oscurecido con el agua
y detrás del supermercado una gigantesca bandera

THE PARKING LOT

...the look of a man who had made
the devil's bargain and knew he had lost.
—*J. G. BALLARD, The Atrocity Exhibition*

What is there beyond this parking lot
surrounded by plains and interminable suburbs?
A wild, unconquered space
and an overcast sky like a thick gray stain—
something crushes us like a cruel, ominous blanket.

I park near the entrance to Walmart.
The place is almost empty and it's raining.
Sunday morning,
only the crazy ones get up this early.
I read the white letters on a blue background
and an inexplicable yellow star.
"Walmart," I repeat. "You bastard!"
I leave the engine on
and the windshield starts to fog up.
I raise my hand and hold it to the glass
as if I could change the image
now appearing out there.
Over the shopping carts (racked up
to one side of the parking lot)
a flock of black birds circles
like an awful exhibition of what's to come.
They are gaunt and their feathers look sparse
and dirty like their raspy caws.
"Nothing out of the ordinary—this is when the sick ones come out
in search of weekend deals."
The sidewalk has darkened under the water
and behind the supermarket an enormous flag

se sacude como un animal húmedo y cansado
(tratando de mostrar un poderío del cual carece)——
es un gesto inútil anulado por el viento y la lluvia.

Cercados entonces
por las inmóviles carreteras de este país
contemplamos ahora
a nuestros verdaderos guardianes——
esos pájaros negros que esperan a los infamados,
los sacudidos por el desasosiego, los tiznados;
los pocos clientes que llegan a Walmart
un domingo por la mañana.

trembles like a wet, tired animal
(trying to demonstrate the vitality it lacks)—
a useless gesture voided by the wind and rain.

And so, penned in
by this country's immobile highways
we now look upon
our true guardians—
those black birds that wait for the dishonored,
those shaken by disquiet, the tarnished;
the few customers who come to Walmart
on a Sunday morning.

CUCARACHAS

Alguien me comenta:
"Las cucarachas pueden sobrevivir
a una explosión atómica."
"Es una hermosa metáfora", pienso.
Las cucarachas pueden resistir cualquier cosa,
son indestructibles e inmortales
como los verdaderos hijos de puta.
En verdad, como pocos, pueden tragar veneno
y escupirlo como si fuera vodka barato
sin apenas volver la mirada.
En las noches tristes de los insomnes, me dicen
las cucarachas
mordisquean los ásperos bordes del mundo
y por ese mapa de agujeros y trampas perfectas
alguien se escapa y brilla.

COCKROACHES

Somebody tells me,
"Cockroaches can survive
an atomic explosion."
"What a lovely metaphor," I think.
Cockroaches can hold out against anything,
indestructible and immortal
like the real sons of bitches they are.
It's true, like few others, they can swallow poison
and spit it out like cheap vodka
without so much as a backward glance.
On the sad nights of the sleepless, they tell me
cockroaches
nibble at the world's rough edges
and through that map of perfect holes and pitfalls
somebody escapes and shines.

CAFÉ CANTABRIA

Estaba sentado en el Café Cantabria
feliz de estar de nuevo en la ciudad
más importante de Chile.
El día era magnífico y soleado
y yo estaba pensando en la muerte
y otras tantas banalidades difíciles de digerir.
Debajo de la mesa, el tigre de mi mente
permanecía echado a mis pies
y pensaba las mismas cosas que yo,
pero no decía nada para no interrumpir
el flujo natural de mis pensamientos.
El tigre de mi mente —como se sabe—
es un tigre muy discreto y educado.

Estaba en mi tercer café cuando advertí
la inobjetable presencia del universo
y su mayor locura: yo, tomando un café
junto a un gran gato, gordo y perezoso.
"¿Qué es este espectáculo?", me pregunté.
"¿Una ciudad ciega y egoísta carcomida
por la presencia de un antiguo rencor?"
"¿O una forma de entender qué nos pasó
y por qué la memoria tiene la forma de una herida?"
Mientras tanto, el tigre de mi mente roncaba
indiferente a mis preocupaciones.

¿Qué me trae de vuelta a esta ciudad?
¿No regresamos acaso cuando ya estamos
un poco muertos y cansados de viajar?
El mundo es locura, el universo es locura
pero nosotros, no. Nosotros sobrevivimos.
Así como suena, no hay otro secreto.

CAFÉ CANTABRIA

I was sitting at Café Cantabria
happy to be back in Chile's
most important city.
The day was glorious and sunny
and I was thinking about death
and other such indigestible banalities.
Under the table, the tiger of my mind
lay stretched out at my feet
and thought the same things I did,
but said nothing so as not to interrupt
the natural flow of my thoughts.
The tiger of my mind—as is well known—
is a modest and well-mannered tiger.

I was on my third coffee when I noticed
the unobjectionable presence of the universe
and its cardinal madness: me, drinking a coffee
beside a big cat, fat and lazy.
"What is this spectacle?" I asked myself.
"A blind, selfish city eaten away
by the presence of an ancient resentment?"
"Or a way of understanding what befell us
and why memory takes the form of a wound?"
Meanwhile, the tiger of my mind snored,
indifferent to my concerns.

What brings me back to this city?
Do we come back, perhaps, once we're
somewhat dead and tired of traveling?
The world is madness, the universe is madness,
but not us. We survive.
Just as it sounds, there is no other secret.

El tigre de mi mente entonces se da vuelta
y pone su peluda panza boca arriba.
"Ahora sí", gruñe. "Muévete un poco,
me estás tapando el sol."
Regresamos, es cierto, un poco muertos,
indiferentes, acaso hastiados de vivir así.

Termino el café, pago la cuenta y me voy.
Dejo al tigre de mi mente durmiendo
tranquilamente debajo de una mesa,
probablemente ya no piensa en nada,
quizás ya haya desaparecido al igual que yo.

The tiger of my mind turns over
and shows his fluffy paunch, face up.
"That's the stuff," he growls. "Move over a little,
you're blocking my sun."
We return, it's true, somewhat dead,
indifferent, weary, perhaps, of living this way.

I finish the coffee, pay the check, and go.
I leave the tiger of my mind sleeping
peacefully under a table,
probably thinking of nothing anymore.
Maybe he's since disappeared like me.

UNA TIERRA RODEADA DE IGLESIAS

"Cómpreme uno, huerita", dice.
"Qué le cuesta.
No tenemos nada para llevar.
Mire, a mi hijo, huerita.
Aquí está el chamaco,
tampoco él ha vendido nada
y ya tenemos que devolvernos."
Claudia los mira
sin saber qué decir.
La mujer vende pañuelos
y fruta confitada
envuelta en papel de plástico.
Quizás ella mienta
y él no sea su hijo, sino su nieto.
Nosotros, sentados en un bar
en el zócalo de Cholula
esperamos un taxi.
Hace 500 años
en esta misma ciudad
Hernán Cortés arrasó con todos.
Miles de muertos
sobre una tierra teñida de rojo
que más tarde estaría rodeada de iglesias.
Hace calor y la mujer sigue allí,
imperturbable,
junto a un niño moreno y aburrido.
Finalmente Claudia compra algo
sin saber qué es.
"Gracias, huerita", dice la mujer.
El niño no habla, solo nos mira.
"Vamos mijo", dice apenas
y alcanza a sonreír antes de irse.

A LAND RINGED BY CHURCHES

"Go on, buy one, güerita," she says.
"What's it to you?
We have nothing to take home.
Look at my son, güerita.
This chamaco here
hasn't sold a thing, same as me,
and it's time for us to head back."
Claudia looks at them
not knowing what to say.
The woman's selling kerchiefs
and sugarcoated fruit
covered in plastic wrap.
Maybe she's lying
and he's not her son but her grandson.
The two of us, sitting in a bar
on the town square of Cholula
are waiting for a cab.
500 years ago
in this same city
Hernán Cortés wiped them all out.
Thousands of bodies
on a land dyed red
that would later be ringed by churches.
It's hot and the woman is still there,
unshakeable,
beside a dark-skinned, bored little boy.
Finally, Claudia buys something
not knowing what it is.
"Thank you, güerita," says the woman.
The boy doesn't speak, just looks at us.
"Come on, mijo," she says faintly
and manages to smile before she goes.

Cruza la plaza lentamente
con su canasta sobre la cabeza.
El niño va detrás de ella
(en silencio)
como si caminar así
fuera parte de un secreto
que nosotros nunca sabremos.
Ellos saben, nosotros no,
nosotros somos los advenedizos.

She crosses the square slowly
with her basket on her head.
The boy goes behind her
(in silence)
as if walking this way
were part of a secret
we will never know.
They know, we don't,
we are new here.

UNA PELEA A 15 ASALTOS

No hay drogas,
no hay anestesia,
no hay manera de reposar.
Si vas a escribir algo
va a ser ahora
o nunca.
Nadie te va a premiar,
nadie te protegerá de la locura.
Serás tú
solo
frente a ti mismo.
Una gran pelea
a tablero vuelto
o una pelea aburrida
en un estadio sin espectadores.
Tú eliges
depende de cómo te la juegues,
depende de tus agallas,
de tu valor,
de tu capacidad para resistir.
Será una pelea a 15 rounds,
una pelea larga y tediosa.
Te pondremos
a un verdadero hijo de puta,
un toro rabioso,
un asesino en serie,
un tipo mal encarado,
con una sierra eléctrica en la mano.
Después de todo
así es el arte:
un vistazo al infierno
o un tranquilo paseo en bote.

A 15-ROUND FIGHT

No drugs,
no painkillers,
no taking breaks.
If you're going to write anything
it's now
or never.
Nobody's going to hand you a prize
or protect you from madness.
It will be you
alone
against yourself.
A big fight
with plenty of advertising
or a boring fight
in a stadium empty of spectators.
You choose,
it depends how you play it,
it depends on your guts,
on your valor,
on your ability to take the hits.
It will be a 15-round fight,
a long, tedious fight.
We will put you up against
a real son of a bitch,
a raging bull,
a serial killer,
a bad motherfucker
with a chainsaw in his hand.
In the end,
such is art:
a glimpse of hell
or a peaceful boat ride.

Las reglas
son fáciles de entender
hay una sola:
el que cae
muerto
pierde,
el que queda en pie
quizás gane.

The rules
are easy to understand
there is only one:
the one who falls
dead
loses,
the one who stays standing
might win.

Y TAMBIÉN LO HICIMOS AYER

Escribe sobre dunas blancas
bajo tormentas rojas,
sobre mujeres solas en el metro
que deambulan como perdidas en un sueño,
sobre aquellos que se doblegan
ante la fuerza de las probabilidades
—y son como santos desconocidos
en ciudades cercanas al mar—;
sobre los fracasados
y los que no pueden retornar a sus países,
sobre la locura del poder
y los despojados por la policía
(bastante tenemos en Sudamérica
con los hijos impuros de la violencia).
"Hay una ventaja en observar
el mundo de esta manera", me dice.
"El abismo también se puede ver
en el fondo de una taza de café."
Hoy nos agitamos demasiado.
Como flores sacudidas
por los intermitentes impulsos de la indolencia
hemos perdido la visión prematuramente
y ya no sabemos cómo contenernos.
Pero hoy —y también lo hicimos ayer—
(a pesar de las tormentas
y las nuevas velocidades)
regresamos a casa,
otra vez,
sanos y salvos.

AND YESTERDAY WE DID THE SAME

He writes on white dunes
underneath red thunderstorms,
about women alone on the metro
who wander as if lost in a dream,
about those who fold
before the power of probabilities
—and are like unknown saints
in cities near the sea—
about failures
and those who cannot go back to their countries,
about the madness of power
and those despoiled by the police
(we have quite enough in South America
with the impure sons of violence).
"There's something to be said for looking at
the world this way," he tells me.
"You can see the abyss also
in the bottom of a coffee cup."
We get too worked up these days.
Like flowers shaken
by the intermittent impulses of indolence
we have lost our vision prematurely
and no longer know how to contain ourselves.
But today—and yesterday we did the same—
(in spite of thunderstorms
and new velocities)
we make it home,
again,
safe and sound.

CHÁVEZ Y LA POESÍA CHILENA

En el 2004
vivía como estudiante en Cincinnati.
Era un poco vergonzoso
para mi edad y mi currículo.
Ese año
llegó a la Universidad
el poeta Antonio Gutiérrez.
Él era venezolano
y yo, chileno.
Así es que nos tocaba
hablar de Chávez y la poesía chilena.
En las mañanas cuando íbamos a la Facultad
Chávez y la poesía chilena.
Al almuerzo, Chávez y la poesía chilena.
A la noche, nada
(tampoco estábamos tan locos.)
Un día fuimos a Washington en auto.
16 horas manejando de ida
y otras 16 de vuelta.
Otro año fuimos a New York
a ver una exposición del pintor Reverón,
otras 16 horas de ida y lo mismo a la vuelta.
A esas alturas
yo era experto en Venezuela
y Antonio ya daba clases de poesía chilena.
Sin embargo, la última vez no fuimos
ni a Washington ni a New York,
solo cruzamos el río Ohio
a través de ese puente
al cual Huidobro le dedicó un poema.
No hablamos de Chávez o la poesía chilena,
esa vez permanecimos en silencio.

CHÁVEZ AND CHILEAN POETRY

In 2004
I was a student living in Cincinnati.
It was a little shameful
for my age and my CV.
That year
the poet Antonio Gutiérrez
came to my university.
He was Venezuelan
and I, Chilean.
So it was only right
that we should talk about Chávez and Chilean poetry.
In the morning on the way to the language department
Chávez and Chilean poetry.
At lunchtime, Chávez and Chilean poetry.
At night, nothing
(we weren't that crazy).
One day we took the car to Washington.
A 16-hour drive there
and 16 more hours back.
Another year we went to New York
to see an exhibit on Reverón, the painter,
another 16 hours there and the same back again.
By that point
I was an expert on Venezuela
and Antonio taught classes on Chilean poetry.
But the last time we did not go
to Washington or to New York,
we just crossed the Ohio River
over that bridge
to which Huidobro dedicated a poem.
We didn't talk about Chávez or Chilean poetry,
this time we kept quiet.

Kentucky emergía lentamente
como sacado de un pantanoso sueño.
Chávez parecía tan muerto como la poesía chilena
y el firmamento se partía en dos,
como un gran pájaro amarillo
desprendiéndose del cielo
sin hacer el menor ruido.

Kentucky surfaced slowly,
as if dredged up from some swampy dream,
Chávez seemed as dead as Chilean poetry
and the firmament parted in two
like a great yellow bird
breaking off from the sky
without making a sound.

MISSED CALL

Mauricio,
no entiendo por qué dices
que te pusiste brusco.
Cuando te pones brusco
no dices nada
y cuando eres gentil
te comportas agradablemente
y pides disculpas.
Creo que tienes una cuerda floja.
Estuve todo el día en la universidad .
Tú sabes que mi trabajo
requiere de mucha concentración.
Sólo deseaba estar sola
lejos del teléfono.
Ahora me voy para la casa
son las 9:30 pm.

Pikos,

Claudia

MISSED CALL

Mauricio,
I don't know why you're saying
you were acting rude.
When you act rude
you don't say anything
and when you're being nice
you're well behaved
and you say sorry.
I think you've got a screw loose.
I was on campus all day.
You know I have to concentrate
when I'm working.
I just wanted to be alone
away from the phone.
I'm going home now
it's 9:30 p.m.

Kisses,

Claudia

RAYUELA *A LAS 7 DE LA TARDE*

> *Y pensábamos en esa cosa increíble*
> *que habíamos leído, que un pez solo*
> *en una pecera se entristece y entonces*
> *basta ponerle un espejo y el pez vuelve a estar contento.*
> JULIO CORTÁZAR. Rayuela —*Capítulo 8.*

A las 7 de la tarde
agobiado por el Club de la Serpiente
y su interminable palabrería mental
abandono mi lectura de Rayuela.
"Habría que acabar con Oliveira y sus amigos", me digo.
No hay verdadero amor
tampoco hay verdadero misterio
en pensar de este modo.
Así es que sentado en el sillón del living,
esperando una pizza de Domino's
me pregunto en qué momento
comenzamos a asomarnos al desastre
y llegamos a ese punto
donde es imposible retroceder
sin hacerle daño a los demás,
en qué momento el absurdo
se transforma en una telaraña de repeticiones
y actos equivocados
y nos conduce hacia la peor muerte de todas:
la del anonimato, la del tedio,
la de un lector desesperado.
Esta tarde me siento como Oliveira
caminando bajo la lluvia en París,
sentado en un teatro semivacío
donde alguien ofrece
un absurdo concierto de piano,

HOPSCOTCH AT 7 P.M.

And I thought about that unbelievable bit
that we had read, that a single fish will get sad in its bowl
and that all one has to do is put a mirror next to it
and the fish is happy again.
—*JULIO CORTÁZAR, Hopscotch, tr. Gregory Rabassa*

At 7 p.m.
overwhelmed by the Serpent Club
and its endless mental mumbo jumbo
I give up on reading *Rayuela*.
"Oliveira and his friends must be destroyed," I tell myself.
There is no true love
nor any true mystery
in thinking this way.
And so, sitting in the living room armchair,
waiting for a Domino's pizza,
I wonder when
we started edging into this disaster
and when we reached that point
from which one cannot turn back
without doing harm to others,
when the absurd
becomes a spiderweb of repetitions
and wrongful deeds
and leads us to the worst death of all:
the death of anonymity, of tedium,
the death of a desperate reader.
This afternoon I feel like Oliveira
walking under the rain in Paris,
sitting in a half-empty theater
where someone's playing
an absurd piano concert,

haciendo de cualquier nimiedad
un pretexto para zambullirme
en los artificiales ríos de la metafísica
y pescar con las manos
peces magníficos e ilusorios.
A las 7 de la tarde,
sin hacer nada más,
espero una pizza de mozzarella y aceitunas
enfrascado mentalmente
(como Oliveira en la habitación de La Maga)
en cosas ajenas e inútiles,
como un pez recordando su antiguo rostro
en el espejo de su propia pecera.

making of any trifle
a pretext to plunge into
the artificial rivers of metaphysics
and angle with my hands
for glorious, illusory fish.
At 7 p.m.,
doing nothing else,
I wait for a pizza with mozzarella and olives
mentally jarred
(like Oliveira in La Maga's room)
in alien, unuseful things,
like a fish remembering its former face
in the mirror beside its own bowl.

NO ES AMOR

No es amor
es cualquier otra cosa,
amistad, costumbre,
rutina,
cualquier cosa
no necesariamente mala,
como una pantera
hermosa
pero que ha pasado
demasiado tiempo en cautiverio.
Llámalo como quieras
pero no es amor.
Después de todo
a estas alturas
qué importa.
Algo dentro de ti
ya se ha estropeado.
Las películas
son más aburridas que antes,
tu equipo de fútbol
siempre termina perdiendo,
la comida te engorda
y tus hijos
son torpes y maleducados,
y aunque las películas
sean mejores que antes
y tu equipo
gane la final
y la comida
esté fresca y deliciosa
y tus hijos
sean genios no descubiertos;

IT'S NOT LOVE

It's not love
it's anything else,
friendship, habit,
routine,
anything
not necessarily bad,
like a beautiful
panther
but one that has spent
too much time in captivity.
Call it what you want,
but it's not love.
In the end
at this point
what does it matter.
Something inside you
has already been ruined.
The movies
are more boring than before,
your soccer team
always ends up losing,
the food makes you fat
and your kids
are clumsy and ill-mannered,
and even if the movies
were better than before
and your team
won the final
and the food
were fresh and delicious
and your kids
were undiscovered geniuses;

de todos modos, no es amor,
es cualquier otra cosa,
otra cosa
no necesariamente mala.

in any case, it's not love,
it's anything else,
something else
not necessarily bad.

INDIAN TERRITORY

Hace un siglo
no existía el estado de Oklahoma.
Este pedazo del mundo
simplemente
se llamaba tierra de indios,
una tierra roja
con pequeñas lagunas por todos lados.

Esta mañana
al salir a buscar el correo
me encuentro con el cartero.
Lo he visto muchas veces
a la entrada de mi edificio.
Pero, ahora, por primera vez
hablamos.
Viene hasta mí
con una carta certificada de Chile.
Me explica algo sobre el procedimiento
y luego me dice su nombre.
Se llama Leo Tippeconnie.
Es un indio navajo
y debe tener unos 60 años.
Su rostro oscuro y lejano
me recuerda algo que he visto antes.
Me cuenta que lleva 25 años
trabajando para el correo de Oklahoma.
Me pregunta de dónde soy.
"Chile", respondo.
Me mira con curiosidad.
"¿Qué es Chile?", pregunta.
"Un país de Sudamérica."
"¿Y dónde está ese país?"

INDIAN TERRITORY

A century ago
the state of Oklahoma didn't exist.
This piece of the world
was simply
called Indian land,
a red land
with little lakes everywhere.

This morning
when I go out to get the mail
I bump into the mailman.
I've seen him many times
at the entrance to my building.
But now, for the first time,
we talk.
He comes up to me
with a certified letter from Chile.
He explains something about how these letters work
and then tells me his name.
He's Leo Tippeconnie.
He's a Navajo Indian
and he must be about 60.
His dark, distant face
reminds me of something I've seen before.
He tells me he's spent 25 years
working as an Oklahoma mailman.
He asks me where I'm from.
"Chile," I answer.
He looks at me with curiosity.
"What's Chile?" he asks.
"A country in South America."
"And where is this country?"

"Lejos, a 5 mil millas de aquí."
Frunce el ceño, supongo que Chile
es un país difícil de imaginar.
"¿Y hace frío allá?"
"Solo en invierno."
"Yo soy de Oklahoma. Acá a veces hace frío."
"You tell me", respondo
"Bien", dice, "firme aquí."
Obedezco y firmo.
Antes de irse, agrega:
"Todavía estamos en guerra
con el hombre blanco."
Lo dice sonriendo.
"Yo no soy blanco", le respondo.
"Lo sé", me dice.
"No estamos en guerra con usted."
Él sonríe y yo sonrío.
Somos dos hombres que sonríen
cuando hablan de la guerra.
"¿Eso es todo?"
"Sí."
"¿Chile?"
"Exacto, Chile."
"Bien", exclama satisfecho.
Me extiende la mano,
y nos despedimos.
El sol, a mediodía, brilla
sobre las rojas tierras de Oklahoma
y las pequeñas lagunas
en esta parte del mundo
—como ansiosos ojos de agua—
le devuelven el brillo al cielo.
Leo Tippeconnie
lentamente
se aleja

"Far away, 5 thousand miles from here."
He furrows his brow, I guess Chile
is a hard country to imagine.
"Get cold there?"
"Only in the winter."
"I'm from Oklahoma. It gets cold here, sometimes."
"You're telling me," I answer.
"Well," he says, "sign here."
I obey and sign.
Before he leaves, he adds:
"We're still at war
with the white man."
He says this smiling.
"I'm not white," I answer.
"I know," he tells me.
"We're not at war with you."
He smiles and I smile.
We are two men who smile
when they talk about war.
"Is that all?"
"Yes."
"Chile?"
"Exactly, Chile."
"Nice," he exclaims, satisfied.
He holds out his hand
and we say goodbye.
The sun at midday shines
on the red lands of Oklahoma
and the little lakes
of this part of the world
—like eager fountainheads—
pass the sunshine back up to the sky.
Leo Tippeconnie
slowly
moves away

en el carro del correo.
Al entrar a la carretera 9
lo pierdo de vista.
Va hacia el sur,
probablemente se dirige a Chile,
a 5 mil millas de distancia,
en su pequeño carro blanco
con letras azules.

in the mail truck.
Once he hits Highway 9
I lose sight of him.
He's going south,
probably heading to Chile,
5 thousand miles away,
in his little white truck
with blue letters on the side.

UN MUNDO DE FALSA MADUREZ

Todos mis hijos están muertos,
murieron cuando les negué la semilla
con la cual habrían arribado a este mundo.
Murieron cuando renuncié a la madre de ellos
para que no pudieran encontrar en la matriz
la otra parte de la vida que les faltaba.
"Nadie nos espera", me dijeron.
"Es cierto. No vengan, nadie los espera."
Y desistieron sin decir nada, con abundancia
para que yo nunca tuviera una edad precisa
y pudiera habitar un mundo de falsa madurez.
¿Cómo puedo ser alguien si solo he sido yo,
si no encuentro mi rostro en otro rostro,
si mis palabras no han moldeado a mis hijos
en la comprensión de un amor sin límites?
Así hablo, sin lograr comprender
cómo se prolonga la sangre en el mundo
y se reparte como si fuera un don invisible
porque no lo es, porque no es necesario
creer en dones para construir una casa
donde los hijos puedan dormir en paz.
¿Qué hacer entonces con la esperma
que se derrama sobre una tierra estéril
y se seca al primer contacto con el calor?
¿Qué hacer con un rostro como el mío
el cual no puede prolongarse en el tiempo
sin alcanzar una monstruosa deformación?
Pienso en un túnel desmantelado, en semillas
jóvenes y secas, en la supresión de mi propia sangre
y no encuentro sino al hijo que yo mismo soy.
Nunca alcancé la edad del padre (ni al padre mismo)—
demasiados años me demoré en un sueño
cuyo mundo era de una falsa madurez.

A WORLD OF FALSE MATURITY

My children are all dead,
they died when I denied them the seed
they needed to come into this world.
They died when I turned away their mother
so they could not find, in her womb,
the other part of life they lacked.
"Nobody's expecting us," they said to me.
"Right. No one's expecting you, don't come."
And they gave up without saying a word, abundantly
so I would never be of a particular age
and could live in a world of false maturity.
How can I be someone if I've only ever been myself,
if I don't find my face within another face,
if my words have not molded my children
in the understanding of a love without limits?
I talk this way, not understanding
how blood is prolonged in the world
and shared like an invisible gift
because it's not one, because there is no need
to belief in gifts in order to build a house
where your kids can sleep in peace.
What to do, then, with the sperm
spilled on sterile ground
that dries out as soon as it touches the heat?
What to do with a face like mine
that cannot be prolonged in time
without succumbing to a monstrous deformation?
I think of a dismantled tunnel, of seeds
dried out young, of the suppression of my own blood
and I find nothing but the son I am myself.
I never reached a father's age (nor the father himself)—
I lingered too long in a dream
whose world was a world of a false maturity.

ANIMALES DOMÉSTICOS

Te aferrarás
a lo que está más cerca de ti—
las viejas ideas, esas calles
que constantemente te traen de regreso,
a ciertas palabras y a tu propia voz,
al mismo desayuno, a la infatigable
costumbre de revisar tu celular (a cada hora)
a la espera de quién sabe qué noticias,
a las mismas ropas de siempre,
a esas habitaciones protegidas
donde reposan los animales domésticos.
Advertirás el peligro, ¿cómo no?
el desorden de las ciudades, una mirada extraña.
Algo estará fuera de lugar y lo esquivarás,
un pequeño detalle, una calle podría llevarte a otra
y de pronto todo cambiaría irremediablemente.
Entonces regresas a esa inocente reiteración,
yo también, en realidad, todos nosotros
(¿es que acaso podría ser de otra manera?)
Al anochecer te diriges a tu vieja casa
donde una habitación secreta aún te espera.

DOMESTIC ANIMALS

You will cling
to what's closest to you—
the old ideas, those streets
that bring you back, constantly,
to certain words and your own voice,
to the same breakfast, the indefatigable
habit of checking your cell phone (at all hours),
to waiting for who-knows-what news,
to the same clothes as ever,
to those protected rooms
where domestic animals rest.
You will be aware of the danger, how couldn't you be?
the disorder of the cities, a strange look in the eyes.
Something will be out of place and you'll go around it,
a minor detail, one street could lead you to another
and suddenly everything would change for good.
Then you return to that innocent reiteration,
and me too, really, all of us
(could it be any other way?)
At nightfall you head back to your old house
in which a secret room awaits you still.

MI PAÍS

Si Fitzgerald hubiese nacido en mi país
lo habrían acusado de frívolo.
Si Truman Capote hubiese nacido en mi país
lo habrían acusado de aprovechador y arribista.
Si Hemingway hubiese nacido en mi país
lo habrían acusado de arrogante,
atropellador o cerdo chovinista.
Si T.S. Eliot hubiese nacido en mi país
lo hubiesen acusado de desclasado y académico.
Pero ellos no nacieron en mi país
(afortunadamente)
porque en mi país el gran Gatsby, old sport,
se hubiese muerto del aburrimiento.
Truman Capote se habría ido a vivir a New York
donde al menos alguien hubiese leído sus libros.
Hemingway se hubiese suicidado a los 25 años
y Eliot sería indudablemente argentino.
Mi país, como una gran tierra baldía
está librado a su suerte y a la locura de sus dioses.
Mi país, como un páramo desolado
sacudido por una oscura tormenta roja,
también significa muerte, tiempo y olvido.

MY COUNTRY

If Fitzgerald had been born in my country
they would have labeled him frivolous.
If Truman Capote had been born in my country
they would have labeled him self-serving and a social climber.
If Hemingway had been born in my country
they would have labeled him arrogant,
a hooligan or a chauvinist pig.
If T.S. Eliot had been born in my country
they would have labeled him academic and a parvenu.
But they weren't born in my country
(luckily)
because in my country the great Gatsby, old sport,
would have died of boredom.
Truman Capote would have moved to New York
where at least somebody would have read his books.
Hemingway would have killed himself at 25
and Eliot, without a doubt, would be Argentine.
My country, like a big empty plot,
is left to its own devices and the madness of its gods.
My country, like a desolate wasteland
shaken by a dark red storm,
means also death, time, and forgetting.

EN EL CALLEJÓN DE LA LOCURA

La conocí en Alburquerque
cuando se me descompuso el auto.
En esos días yo estaba atrapado
en el callejón de la locura
y mis poemas eran largos y tediosos.
Ella llevaba muerta mucho tiempo,
pero su belleza era todavía anonadante
como un vaso lleno de escorpiones.
Nunca le di a entender que era poeta,
pero ella sabía que yo tenía problemas,
mi métrica no era buena y el pulso me fallaba.

Esa noche me llevó a su habitación.
Había venido a este lugar
a trabajar como camarera en un viejo hotel.
Ahora que estaba muerta
le gustaba pasearse desnuda por los corredores
y hablar de cosas que nadie entendía.
Me dijo que mirara hacia atrás
y que me acordara de los muertos y sus canciones.
Me habló de un poeta que un día había venido
a buscar una melodía que no podía recordar.
El poeta había cruzado de noche el río
y se había sentado a escribir cerca de allí.
Nunca logró explicarle
cómo había logrado cruzar la frontera.
Esa noche hicimos el amor en el hotel
y cuando esperaba en la gasolinera
a que devolvieran mi coche,
me dio un beso y luego desapareció.

IN THE ALLEYWAY OF MADNESS

I met her in Albuquerque
when my car broke down.
Back in those days, I was trapped
in the alleyway of madness
and my poems were long and tedious.
She had been dead for some time,
but her beauty was still stunning
like a glass full of scorpions.
I never implied I was a poet,
but she knew I had problems:
bad meter and a faltering pulse.

That night she took me to her room.
She had come to this place
to work as a waitress in an old hotel.
Now that she was dead
she liked to walk naked down the corridors
and talk of things that no one understood.
She told me to look back
and remember the dead and their songs.
She told me of a poet who had come one day
in search of a melody he could no longer recall.
The poet had crossed the river at night
and sat down to write somewhere close.
He never told her
how he had crossed the border.
That night we made love in the hotel
and while I was waiting at the service station
for them to bring my car back,
she gave me a kiss and disappeared.

DOWNTOWN NORMAN-OKLAHOMA

Hace calor y voy al correo.
En la calle no hay nadie
a veces pasa un auto y se aleja.
Se supone que estoy en el centro de la ciudad,
pero igualmente no hay nadie.
El asfalto está caliente
y el sol brilla
achicharrando
a las pobres cucarachas del alma.
Entro
solo hay un soldado y una vieja dama
esperando—
yo también espero.
Sé que el empleado se llama Jeremy.
Nos saludamos, Jeremy sonríe,
compro sellos postales,
recibo un comprobante,
firmo y luego me voy.
Afuera no hay nadie
nada
solo el sol
como un inmenso girasol ardiendo
recortado contra un firmamento de cartón.
De pronto veo un coyote gris
detenido en medio de la calle.
Me mira
es un coyote salvaje
y su piel está sucia y enmarañada,
luego se va.
Las calles siguen ardiendo.

DOWNTOWN NORMAN, OKLAHOMA

It's hot and I'm going to the post office.
There is no one on the street
sometimes a car passes by and drives away.
I'm downtown, supposedly,
but just the same there's no one.
The asphalt is hot
and the sun shines
crisping
the poor cockroaches of the soul.
I go in
there are only a soldier and an old lady
waiting—
I wait too.
I know the guy at the desk is named Jeremy.
We say hello, Jeremy smiles,
I buy postage stamps,
I'm handed a receipt,
I sign and I walk out.
Outside there is no one
nobody
just the sun
like a huge burning sunflower
cut out against a cardboard firmament.
I suddenly see a gray coyote
standing in the middle of the street.
He looks at me
he is a wild coyote
and his coat is dirty and matted,
then he walks off.
The streets keep burning.

Jeremy, la Oficina de Correos,
el soldado y la vieja dama.
A veces un auto pasa
y se aleja.

Jeremy, the Post Office,
the soldier and the old lady.
Sometimes a car passes by
and drives away.

EL CALOR SECRETO

Al final
un viento frío y afilado
nos entrará por los huesos
y nos vaciará de todos nuestros sueños.
Como quien saca las monedas de un pantalón,
tratará de encontrar por todas partes
el calor secreto
con el cual resistimos la adversidad,
como si fuéramos un arbusto
crecido en una tierra yerma y estéril
y no tuviéramos más que agarrarnos
que de nuestras propias raíces
que son débiles y torcidas.

THE SECRET HEAT

In the end
a cold, sharp-edged wind
will come in through our bones
and empty us of all our dreams.
Like someone pulling coins out of their pants,
the wind will look everywhere trying to find
the secret heat
with which we stand up to adversity,
as if we were a bush
sprouting from barren, sterile ground
and we had nothing to hold on to
but our own roots
which are weak and twisted.

DE 4 A 8 SEMANAS

Iba hacia Oklahoma City
conduciendo por la carretera 35.
Realmente no iba hacia ninguna parte.
Era un aburrido sábado por la tarde
y solo quería salir en auto,
conducir por horas y luego regresar.
Todo el mundo lo sabe
en OKC no hay nada para ver,
"it's just a collection of houses."
Pero allí iba yo, por la 35,
la misma que va hasta Minneapolis
paseando y con buen ánimo,
deseándome lo mejor.

Iba a 70 millas por hora
escuchando una estación de radio local
cuando de pronto ellos aparecieron
(en la radio local, digo)—
un programa religioso de inversiones financieras.
Había una mujer y dos hombres.
Ella deseaba invertir $150,000.
Los hombres se presentaron como Christian Financial Advisors.
Ella dijo: "Necesito saber cómo invertir mi dinero."
Ellos le dijeron que tuviera calma y rezara.
La mujer dijo: "Ok, tendré calma y rezaré."
Insistieron que tenía que rezar mucho y ser honesta.
Ella dijo que rezaría mucho y sería honesta.
"Él te dirá qué hacer con ese dinero", afirmaron.
"Pero $150,000 es una cantidad importante", respondió ella.
"Eso va a tomar un poco de tiempo, de 4 a 8 semanas."
No tienes que desesperar, es un plazo normal en estos casos.
En este país hay tanta gente desgraciada,

4 TO 8 WEEKS

I was going toward Oklahoma City
driving up I-35.
I was going nowhere, really.
It was a boring Saturday afternoon
and I just wanted to get out in the car,
to drive for a few hours then come back.
The whole world knows
there's nothing to see in OKC,
"it's just a collection of houses."
But that's where I was going, up I-35,
the same road that leads to Minneapolis
rambling and in a good mood,
wishing myself the best.

I was going 70 miles per hour
listening to a local radio station
when suddenly they appeared
(on the radio, I mean)—
a religious show about investing money.
There was a woman and two men.
She wanted to invest $150,000.
The men introduced themselves as Christian Financial Advisors.
She said, "I need to know how to invest my money."
They told her to stay calm and pray.
The woman said, "Okay, I'll stay calm and I'll pray."
They went on that she needed to pray a whole lot and be honest.
She said she would pray a whole lot and be honest.
"He'll tell you what to do with that money," they claimed.
"But $150,000 is a big number," she responded.
"That'll take a little time, 4 to 8 weeks."
Don't despair, such timing is normal in these cases.
There are so many wretched people in this country,

cancerosos, pobres, suicidas, alcohólicos,
además de los locos del páramo
siempre rogando por deseos extravagantes y egoístas.
"Dios en América no da abasto", explicaron.
La mujer dijo: "Entiendo, seré paciente y no seré egoísta."
Luego le preguntaron si necesitaba algo más.
Ella dijo: "No." Y agradeció la pregunta.
Después llamó un veterano del ejército
pero no alcancé a escuchar lo que decía,
la señal se iba a cada rato
hasta que finalmente se perdió.

Al llegar Oklahoma City bajé la velocidad.
"Solo hay que rezar y ser honesto", me dije.
"Después la señal vendrá por sí sola."
"Hay que esperar de 4 a 8 semanas."
Al llegar a Devon Tower di media vuelta y regresé.
La radio seguía apagada.
Volví a meterme en la 35, esta vez en dirección al sur.
Aceleré hasta alcanzar el carril principal,
comencé a escuchar el agudo silbido del viento
entrando por las ventanas del auto.
Pensé: "Probablemente esta es mi señal."
Luego recordé: "No han pasado 4 semanas
todavía, ni una hora siquiera."
A veces el viento es solo el viento.
Seguí conduciendo.
Había sido una larga tarde de sábado.

cancerous, poor, suicidal, alcoholic,
besides the madmen and women of the plains
always begging for extravagant, selfish desires.
"God can't keep up in America," they explained.
The woman said, "I'll be patient, I won't be selfish."
Then they asked if she needed anything else.
She answered, "No." And thanked them for asking.
Then an army veteran called in,
but I couldn't make out what he was saying,
the signal was cutting in and out
until it was finally lost.

When I got to Oklahoma City I slowed down.
"I just have to pray and be honest," I said to myself.
"Then the signal will come by itself."
"I have to wait 4 to 8 weeks."
When I got to Devon Tower, I turned around and came back.
The radio stayed silent.
I got back on I-35, this time heading south.
I accelerated until I hit the cruising lane,
I started listening to the high-pitched whistle of the wind
coming in through the car windows.
I thought, "That's probably my signal."
Then I remembered, "It hasn't been 4 weeks
yet, it hasn't even been an hour."
Sometimes the wind is just the wind.
I kept on driving.
It had been a long Saturday afternoon.

I LIKE CHILE

Me gusta Chile,
como el slogan publicitario:
"I like Chile."
No tiene nada especial,
es como Suiza,
Canadá,
o Ecuador.
Lo especial
es no tener nada especial.
No está en las Internacionales
e incluso
sus peores noticias
son locales—
cuando juega
(casi siempre)
gana y pierde de local.
Nada malo con ello
(take it easy).
Chile, 2016,
una extraña isla
al final del mundo.
A veces me pregunto
por qué la bandera de Chile
es casi igual a la de Texas.

ME GUSTA CHILE

I like Chile,
like the advertising slogan:
"Me gusta Chile."
There's nothing special about it,
it's like Switzerland,
Canada,
or Ecuador.
What's special
is that there's nothing special about it.
It's not in the international headlines
and even
its worst news
is local—
when it plays
(almost always)
it wins and loses locally.
Nothing wrong with that
(*take it easy*).
Chile, 2016,
a strange island
at the end of the world.
Sometimes I wonder
why the flag of Chile
looks like the flag of Texas.

MAX

Se llama Max
y su mujer lo abandonó
la semana pasada.
Sus amigos dicen
que ella lo quería obligar a vivir
en uno de esos horribles barrios de suburbio.

Pero ella se ha ido
con un hombre más joven
y ha empezado una nueva vida.

Ahora Max nunca habla de ella,
vive atontado con su trabajo.
Max trabaja en una compañía industrial de Dallas
y tiene miles de nuevos proyectos:
compra bombas de agua,
vende filtros de aire, tuberías,
accesorios, equipos eléctricos.

"These are my babies", afirma Max.

Pero cuando alguien pregunta
para qué sirve toda esa nueva chatarra
no sabe qué responder.

Al final del día,
Max se sienta solo en su oficina
y contempla con orgullo
las cajas abiertas,
las bolsas plásticas desparramadas
por todos lados,
los nuevos equipos.

MAX

His name is Max
and his wife left him
last week.
His friends say
she wanted to force him to live
in one of those horrible suburban neighborhoods.

But she's run off
with a younger man
and started a new life.

Now Max never talks to her,
he lives dazed by his work.
Max works for an industrial company in Dallas
and has thousands of new projects:
he buys water pumps,
he sells air filters, plumbing,
accessories, electrical equipment.

"These are my babies," Max claims.

But when somebody asks
what all this new junk is for
he doesn't know what to say.

At the end of the day,
Max sits alone in his office
and proudly observes
the empty boxes,
the plastic bags strewn
all over,
the new equipment.

En una casa de suburbio
un hombre besa a una mujer en la mejilla.
Ella sonríe en silencio
y como un gato perezoso se despereza.
El hombre le pasa suavemente
la mano por el abdomen y le susurra al oído:
"These are my babies."

In a house in the suburbs
a man kisses a woman on the cheek.
She smiles in silence
and, like a lazy cat, she stretches out.
The man smoothly passes
his hand over her abdomen and whispers in her ear,
"These are my babies."

LA INESPERADA VIRTUD DE LA IGNORANCIA

"What we talk about when we talk about love"
                                        —RAYMOND CARVER

No hay verdad en el amor
por eso lo llamamos amor.
Nos ayuda a atravesar la oscuridad
pero no nos impide ser alcohólicos
ni ser derribados por el impacto
de otras fuerzas igualmente desordenadas
(y el amor no es la más fuerte
ni la que mayor resguardo nos proporciona).
Nadie diría que no se trata de un poder
ascendente, pues está rodeado de luz
lejos de cualquier forma de desesperación.
El amor, como todo lo demás, también se acaba
por eso no hay ninguna verdad en él
(aunque a veces algo perdura
más allá de toda comprensión),
por eso lo llamamos amor
y hablamos de él como si detrás de todo
hubiese una forma de verdad a la cual echar mano.

En Alburquerque, New Mexico,
dos hombres y dos mujeres
sentados alrededor de una mesa
beben gin y hablan de amor: "What we talk about
when we talk about love?", pregunta alguien.
En esta conversación alguien menciona
a un tipo que se puso una pistola en la boca
y jaló el gatillo. Antes había tratado de asesinar
a su novia: "I love you, I love you, you bitch."
Nick y Laura guardan silencio. Mel quiere decir algo.

THE UNEXPECTED VIRTUE OF IGNORANCE

"What we talk about when we talk about love"
—RAYMOND CARVER

There is no truth in love.
That's why we call it love.
It helps us get across the darkness
but it doesn't stop us from being alcoholics
or from being plowed into by the impact
of other equally disordered forces
(and love is not the strongest of them
nor the one that provides us the greatest protection).
No one would say it's not a rising
power; it is surrounded by light
far from any form of desperation.
Love, like all else, runs out
and that's why there's no truth to it
(although it sometimes lasts
beyond all comprehension),
that's why we call it love
and we talk about it as if, behind it all,
there were some sort of truth to hold on to.

In Albuquerque, New Mexico,
two men and two women
sitting around a table
drink gin and talk about love. "What are we talking about
when we talk about love?" someone asks.
In this conversation, someone mentions
a guy who put a pistol in his mouth
and pulled the trigger. Before that, he had tried to murder
his girlfriend: "I love you, I love you, you bitch."
Nick and Laura keep quiet. Mel wants to say something.

Terri los mira alrededor de la mesa y pregunta:
"What do you do with love like that?"
Nadie conoce el nombre de una cosa como esa.
Nadie. Entonces, desde la cocina, se escuchan
los ladridos de los perros,
el sol entra por las ventanas
e ilumina ese pequeño espacio doméstico,
alguien trata entonces de entender
aquello que no tiene ni verdad ni nombre.

Terri looks around the table and asks,
"What do you do with love like that?"
Nobody knows what to call something like that.
Nobody. Then, from the kitchen, they hear
the dogs barking,
the sun comes in through the windows
and lights up this small, domestic space,
somebody tries, then, to understand
that thing with no truth and no name.

EL DETERIORO

No sabíamos que vendría,
de otra manera nos hubiéramos preparado.
Estaba tan cerca,
crecía en silencio bajo nuestros pies
horadando todo alrededor nuestro,
deshaciendo esa insuficiente esperanza
con la cual todavía vivíamos,
el entusiasmo, el porvenir.
No supimos prevenirnos,
tampoco supimos cuidarnos
y ya es tarde:
ahora sobrevivimos dentro del bosque
tratando de no perdernos.

THE DECLINE

We didn't know it would come;
if we had, we would have prepared.
It was so close,
growing in silence under our feet
boring through everything around us,
unmaking that insufficient hope
with which we were still living,
excitement, the future.
We knew not how to ready ourselves
nor how to take care of ourselves
and it's too late:
now we survive within the forest
trying not to get lost.

LA DOCTORA HOLMES

Para Grady Wray

Doctora Holmes,
los marginados por el Estado,
los mutilados por las minas antipersonales,
los veteranos de guerra,
los alcohólicos abandonados
por sus propias familias,
los arrasados por las plagas del ébola,
todos ellos necesitan amor,
protección y costosos tratamientos.
Nosotros,
los sacudidos por las alergias de primavera,
por los resfriados mal cuidados,
por las jaquecas ocasionales
solo necesitamos una receta médica
que podamos usar
en la farmacia de la esquina.

DOCTOR HOLMES

For Grady Wray

Doctor Holmes,
those marginalized by the State,
those mutilated by antipersonnel mines,
the war veterans,
the alcoholics abandoned
by their own families,
those laid low by Ebola,
they all need love,
protection, and costly treatments.
We,
those shaken by seasonal allergies,
by poorly treated colds,
by occasional migraines
need only a prescription
we can fill
at the corner pharmacy.

QUIMIOTERAPIA

> *"La luz, la materia de esta palabra."*
> JUAN CARLOS MESTRE—*"Elogio de la palabra"*

Me envía sus libros
los cuales son endemoniadamente buenos.
Mis poemas, en cambio, parecen
arrugadas bolsas de supermercado
comparados con esas piezas de joyería europea.

Son poemas sobre la muerte y la desesperación,
poemas crudos y brillantes
escritos por alguien que está muriendo de cáncer
y que no se resigna a ser un pacientes más
en el hospital público de Gerona.

Como Enrique Lihn
Xavi aguantará hasta el final.
A las sesiones de quimio
las llama "el gran combate"
y se somete a ellas
como si se tratara de un juego inevitable
donde ganará por puntos
el gran premio de los pesos medianos.
Así es Xavi, un boxeador
capaz de escribir poemas duros como diamantes
para que el sol no se apague demasiado pronto.

Pero el sol se apagará antes del último round.

Ese día sobre un desgastado ring
(y con los reflectores apagados)
Xavi me hablará desde el otro lado del mundo

CHEMOTHERAPY

Light, the matter of this word.
—*Juan Carlos Mestre, "Elogio de la palabra"*

He sends me his books
which are devilishly good.
My poems, in contrast, look like
crumpled supermarket bags
compared to his pieces of European jewelry.

They are poems on death and desperation,
raw and brilliant poems
written by someone who's dying of cancer
and will not resign himself to being just another patient
in Gerona's public hospital.

Like Enrique Lihn,
Xavi will hang on till the end.
He calls his chemo sessions
"the big fight"
and subjects himself to them
as if this were an inevitable game
at which he'll win—by points—
the middleweight grand prize.
Such is Xavi, a boxer
capable of writing poems hard as diamonds
so the sun won't go out too soon.

But the sun will go out before the last round.

That day, in a worn-down ring
(and with the spotlights off)
Xavi will speak to me from the other side of the world

con su acento español y su risa torcida,
me explicará cómo el silbido de la muerte
deshoja los pétalos de las anémonas
y deshace los falsos laberintos del tiempo.
Hablará de todas esas cosas que aparecen en sus poemas,
me contará extrañas y divertidas historias
sobre los poetas de su generación
y de por qué nunca lo lograron.

Todo esto sucederá un día de primavera
cuando sus libros
dejen por fin de llegar a Oklahoma.

with his Spanish accent and his twisted smile,
he will explain how the whistle of death
pulls the petals off anemones
and takes apart the false labyrinths of time.
He will speak of all these things that show up in his poems,
he will tell me strange and funny stories
of the poets of his generation
and why they never made it.

All of this will happen one spring day
when his books
finally stop coming to Oklahoma.

EL MAL

El ascensor desciende en silencio
rodeado de transparentes placas de cristal.
Veo las luces parpadeantes de la ciudad
e imagino diminutos seres inmortales
enviando extrañas señales de supervivencia.
Los automóviles en las avenidas dibujan rayas
azules y rojas que se curvan junto al río.
"¿Será esta mi ciudad?", me pregunto,
sin saber si al salir de esta torre
algo de este descenso sobrevivirá dentro de mí.
Ella entonces se acerca y me besa.
Siento su olor, la presión de su cuerpo joven
y un amor antes desconocido para mí,
como si dentro de ella palpitara ahora
una minúscula forma de vida.
¿Es así, después de todo, la vida en Santiago
cuando apenas son las 7 de la tarde
y el cielo permanece oscuro y cerrado?
"¿Qué hemos venido a hacer aquí?", me pregunta.
No hay miedo en sus ojos, sino simple curiosidad.
Hemos venido. Eso es lo importante.
Pero no es cierto, lo importante ya ha ocurrido
(hace mucho tiempo y en otro sitio). El mal
no estaba en nosotros, sino en este lugar
que tempranamente hemos abandonado.
Descendemos a una velocidad constante,
sin hacer ruido, sintiendo cómo esta cápsula
de metal y vidrio es capaz de transformar
cualquier expresión de amor
a medida que nos acercamos al final.

EVIL

The elevator descends in silence
surrounded by transparent panes of glass.
I see the city's blinking lights
and think of tiny immortal beings
sending strange signs of survival.
The cars on the avenues draw lines,
blue and red, that curve along the river.
"Is this my city?" I wonder,
not knowing if when I get out of this tower
some part of this descent will still survive in me.
Then she comes close and kisses me.
I smell her scent, feel the pressure of her young body
and a love unknown to me before,
as if within her beat the heart
of some miniscule lifeform.
In the end, is this life in Santiago
when it's just turned 7 p.m.
and the sky is still dark and overcast?
"What did we come here to do?" she asks me.
There's no fear in her eyes, just simple curiosity.
We have come. That's what matters.
But that's not true, what matters has already happened
(a long time ago, somewhere else). Evil
was not within us, but in this place
we've left behind too soon.
We descend at an unchanging speed,
noiseless, feeling how this capsule
of metal and glass can transform
any expression of love
as we near the end.

UN CUADRO EN EL CAMINO

*"Everyone who walks the busy streets
of a city takes imaginary snapshots."*
CHARLES SIMIC— *"Strangers on a Train"*

*Un adolescente hermoso
cuya piel es blanca e indolente
me mira desde el otro lado de la calle y sonríe.
Tras de él, una oficina de comercial,
un negocio de abarrotes y don Emilio
sentado en su silla de siempre.
Sopla el viento y es inadecuado y nos remece.
"Es como un cuadro puesto en el camino", pienso.
Don Emilio también me mira y trata de saludar,
pero sus manos tiemblan —como hojas secas
sacudidas por un viento que no existe.
El adolescente se inclina y recoge un trapo sucio
y por alguna razón que no me explico
se demora más de lo debido.
Tal vez los dioses ya hayan descendido
sobre esta tierra de aves salpicadas de estiércol
y la imagen de este adolescente magnífico
venza al tiempo y a todos graciosos animales
con los cuales aramos esta dura tierra.
"Es como un cuadro puesto en mi camino", piensa él,
un hombre al otro lado de la calle,
una lavandería de barrio, un edificio
de apartamentos y una tumba abierta y vacía.*

A PICTURE ON THE STREET

Everyone who walks the busy streets
of a city takes imaginary snapshots.
—CHARLES SIMIC, *"Strangers on a Train"*

A handsome young man
whose skin is white and indolent
looks at me from across the way and smiles.
Behind him, a business office,
a general store and Don Emilio
sitting on the same chair as ever.
The wind blows and is not enough and rocks us.
"It's like a picture placed on the street," I think.
Don Emilio looks at me too and tries to wave,
but his hands tremble like dry leaves
shaken by a wind that does not exist.
The young man bends down and picks up a dirty rag
and for some reason I can't figure out
it takes longer than it should.
Maybe the gods have already descended
over this land of shit-spattered birds
and the image of this magnificent young man
will vanquish time and all those animals
with which we plow this hard ground.
"It's like a picture placed along the way," he thinks,
a man across the street,
a local laundromat, an apartment
building and an open, empty tomb.

LA TERCERA

Soy adicto a La Tercera
y ni siquiera es un buen diario,
sus videos son lentos
y casi siempre, demasiado cortos.
No es El País, no es The New York Times,
(no es CNN ni The Daily Show),
pero cada mañana me siento
frente al computador y lo leo
como un descreído
que piensa encontrar anunciada
la aparición de una nueva fe,
la llegada de un dios solar y omnipotente
que por fin nos protegerá
ante al advenimiento del nuevo día.
Pero nada pasa.
Es un vicio, una droga:
un piloto estrella un avión en los Alpes,
baja el precio del petróleo,
hay un nuevo atentado terrorista en Turquía,
sube el precio de la comida,
y más políticos son encarcelados
en todas partes.
Así comienzan todos mis días,
cierro los ojos
y recuerdo cuando íbamos a la playa
en el tren de las 11.
Después de horas bajo el sol
y de bañarnos en el océano,
dejábamos que el atardecer acariciara
nuestros cuerpos jóvenes y despreocupados,
fumábamos sin pensar en nada.
Eso no era ningún vicio, ninguna droga.

LA TERCERA

I'm addicted to *La Tercera*
and it's not even a good paper;
their videos load slowly
and are almost always too short.
It's not *El País*, it's not *The New York Times*,
(nor is it CNN or *The Daily Show*),
but every morning I sit down
in front of the computer and I read it
like a nonbeliever
who thinks some headline will announce
the apparition of a new faith,
the arrival of a solar, omnipotent god
who will finally protect us
at the coming of a new day.
But nothing happens.
It's a vice, a drug:
a pilot crashes a plane into the Alps,
the price of oil goes down,
there's been another terrorist attack in Turkey,
the price of food goes up,
and more politicians go to jail
all over the place.
All my days start this way,
I close my eyes
and remember when we used to go
to the beach on the 11 o'clock train.
After hours under the sun
and swimming in the ocean,
we used to let the evening stroke
our young, untroubled bodies,
we used to smoke not thinking about a thing.
That was no vice, no drug.

100% ORGÁNICO

Lo conocí en un parque,
practicaba yoga
y se alimentaba solo de raíces y agua.
Me dijo que su cuerpo era fuerte y saludable.
Era alto y tenía el pelo largo.
Me habló de sus estudiantes más hermosas
y de lo inspirador que era fumar
marihuana con gente joven.
Debía tener unos 40 años
y era 100% orgánico.
No sé si se creía un gurú,
pero lo cierto es que lo parecía,
un gurú deseoso de sexo, raíces y agua mineral.
Me solía invitar a sus fiestas
donde todo el mundo orinaba descalzo,
bailaba solo y fumaba yerba.
Una noche me mostró su cama
"Aquí es donde duermo", me dijo.
Yo me encogí de hombros.
No sabía qué pensar del gran gurú Maharishi,
sólo atiné a decir: "Es una cama hermosa."
Pero no era hermosa en absoluto,
era solo una cama común y corriente
dispuesta en un pequeño cuarto sin ventanas.
Creo que el gurú Maharishi nunca me perdonó
que no me doblegara ante aquel lugar sagrado.
La última vez que lo vi me dijo
que mi cuerpo atraía mosquitos
porque mi dieta era muy poco saludable.
Yo le pregunté para qué hacía yoga
si todo ese ajetreo era solo gimnasia deportiva.
Después de eso nunca más me volvió a invitar
a sus fiestas 100% orgánicas.

100% ORGANIC

I met him at a park;
he was doing yoga
and he lived on a diet of roots and water.
He told me his body was strong and healthy.
He was tall and long-haired.
He spoke to me of the most beautiful girls in his classes
and how inspiring it is to smoke
marijuana with the young folks.
He must have been around 40
and he was 100% organic.
I don't know if he thought he was a guru
but he sure looked like one,
a guru craving sex, roots, and mineral water.
He used to invite me to his parties
where everyone urinated barefoot,
danced alone, and smoked weed.
One night he showed me his bed
"This is where I sleep," he told me.
I shrugged my shoulders.
I didn't know what to make of the grand Guru Maharishi,
all I could think to say was, "It's a lovely bed,"
but it wasn't lovely at all,
just a regular old bed
sitting in a small, windowless room.
I think Guru Maharishi never forgave me
for not bowing down before that sacred place.
The last time I saw him he told me
my body was attracting mosquitos
because my diet was very unhealthy.
I asked him why he did yoga
when in the end it's all just P.E.
After that, he never invited me over again
to his 100% organic parties.

ASUNTOS INTERNACIONALES

Desde la ventana del quinto piso
contemplo el patio central de la universidad.
Docenas de chicos corren de un lado para otro,
algunos se detienen y conversan, unos pocos
se besan detrás de los postes de la rectoría.
Son las 3 de la tarde en México
y al parecer esta tarde no lloverá.
El viento también sopla en Puebla
y arrastra figuras débiles y livianas,
las eleva y luego las deja caer
sin propósito ni orientación alguna.
Desde el quinto piso
veo a dos chicos cruzar el patio central.
Caminan de la mano, sin hablar,
concentrados en un destino que saben cerca
como si cruzar ese espacio en silencio
les asegurara el éxito de su propio plan.
Llevan delantales blancos, impecables.
El pelo de ella se agita sin despeinarla.
En un momento el chico le suelta la mano
y con cuidado se abrocha el delantal,
no dejan de caminar, ni siquiera hablan.
De improviso todo vuelve a la normalidad,
el viento cesa y los chicos desaparecen.
"Ese no es el plan, por supuesto", me digo
cerrando las persianas de la oficina.
Desde el quinto piso de la universidad
solo se pueden vislumbrar con nitidez ciertas cosas.
A veces no hay plan, a veces solo hay desorden.

INTERNATIONAL AFFAIRS

From the fifth-floor window
I look out at the central courtyard of the university.
Dozens of kids run this way and that,
some stop to talk, and a few
kiss behind the columns in front of the dean's office.
It's 3 p.m. in Mexico
and it looks like it won't rain this afternoon.
The wind blows too in Puebla
and sweeps along weak, airy figures,
it lifts them up and then it lets them fall
with neither purpose nor orientation.
From the fifth floor
I see two kids cross the central courtyard.
They walk hand in hand, not speaking,
focused on a fate they know is close at hand
as if crossing this space in silence
guaranteed the success of their own plan.
They are wearing white lab coats, spotless.
Her hair flutters but does not come undone.
In an instant, the boy lets go of her hand
and carefully buttons up his coat;
they don't stop walking, they don't even speak.
Suddenly everything goes back to normal,
the wind dies down and the kids disappear.
"This is not the plan, of course," I tell myself
closing the office blinds.
From the fifth floor of the university
you can only see certain things clearly.
Sometimes there is no plan, sometimes there's just disorder.

UNA FORMA SIEMPRE AUSENTE

Habría que pensar en un gran perdón,
en nuevas formas de misericordia,
en algo que no existe todavía
para comenzar a entender a dios,
para saber qué pasó con mi fe,
con la fe de mamá y la de todos nosotros.
Dios, nuestro gran fugitivo—
esa forma de amor omitido
en nuestros podridos corazones.
El tío José no salió de la cárcel
por los muchos rezos que allí hizo,
sino porque cumplió su condena.
El hermano Miguel no dejó de beber
por un milagro de su corazón,
sino porque se estaba volviendo loco
y comenzaba a ver oscuros agujeros
y serpientes rojas por todos lados.
Lo que le sucede a esta tropa de golfos
(irresponsables) a los cuales llamamos familia
no es materia de fe—
es suerte, mala o buena suerte,
pero suerte al fin y al cabo.
De esta gente se llena la iglesia,
a estas almas recibe dios,
frente a estos rostros feroces
uno debiera ser capaz de arrodillarse
y pronunciar una verdadera palabra de amor.

AN EVER-ABSENT FORM

One must think of a great forgiveness,
of new forms of mercy,
of something that doesn't yet exist
in order to start understanding god,
to know what became of my faith,
of mother's faith and all our faith.
God, our great fugitive—
that form of love omitted
from our rotten hearts.
Uncle José didn't get out of jail
thanks to all the prayers he said there,
but because he served his sentence.
Brother Miguel didn't stop drinking
thanks to a miracle in his heart,
but because he was going crazy
and starting to see dark holes
and red snakes all over the place.
What happens to this gang of (irresponsible)
scoundrels we call family
is no question of faith—
it's luck, good or bad luck,
but luck in the end.
These people fill the church,
god receives these souls,
one must see fit to kneel
before these fierce faces
and utter a true word of love.

EL DESEMPLEADO Y LA CHICA DE LA PISCINA

"El sobre manila, mi amorcito", le grita
a la pobre chica que no sabe qué hacer.
"Está sobre mi escritorio", insiste.
La chica sube apresuradamente al segundo piso.

"Ya nos vamos al salón de clases", me explica.
"Tranquilo, profesor, todavía tenemos 40 minutos."
La miro y sonrío
(siempre sonrío cuando no entiendo algo).

"Mi amorcito, apúrese! Ya tenemos que irnos!"
La chica baja las escaleras casi corriendo.
Es alta y pálida, y tiene el pelo desordenado.
Su belleza carece de fuerza física,
como si no le estuviera permitido
exhibir el fatal impulso de la carne.
No sé qué edad tiene, al pie de las escaleras
solo veo una chica sosteniendo un sobre manila.

"La voy a pasar a buscar a mediodía,
después de su clase de natación", le dice.
Ella asiente, coge su mochila y sale.

Me arreglo la corbata, sacudo mi traje,
ya estoy listo para mi clase magistral.
Soy el hombre imaginario de Nicanor Parra.

La profesora se llama Elvia y la chica es su sobrina.
Yo, en cambio, soy el postulante, el desempleado
y estoy aquí para una entrevista de trabajo
en alguna parte de Estados Unidos,
cerca de la frontera con Canadá.

THE JOBLESS MAN AND THE GIRL IN THE POOL

"The manila envelope, sweetie," she shouts
at the poor girl who knows not what to do.
"It's on my desk," she insists.
The girls rushes up to the second floor.

"We'll head over to the classroom," she explains to me.
"Don't worry, professor, we still have 40 minutes."
I look at her and smile
(I always smile when I don't understand something).

"Hurry up, sweetie! We have to go!"
The girl comes almost running down the stairs.
She's tall and pale and her hair is untidy.
Her beauty lacks physical strength,
as if she were not allowed
to show the fatal impetus of flesh.
I don't know how old she is, at the foot of the stairs
I see only a girl holding a manila envelope.

"I'm going to pick you up at noon,
after swimming class," she tells her.
She nods, grabs her backpack, and walks out.

I fix my tie, shake off my suit,
I'm ready for my master class.
I am Nicanor Parra's imaginary man.

The professor is called Elvia and the girl is her niece.
I, on the other hand, am the applicant, the jobless man
and I'm here for a job interview
somewhere in the United States
close to the border with Canada.

"Listo, profesor, disculpe la demora."
"Usted sabe cómo son los chicos de hoy", me explica.
"No, no sé cómo son los chicos de hoy, Sra. Elvia."
"No sé como es nada."
"Ni siquiera sé qué estoy haciendo aquí."

"Por supuesto, no se preocupe", respondo.
Y sonrío como una oveja asustada.
(siempre sonrío cuando no entiendo algo).

Vamos en auto al salón de clases,
nos detenemos frente a la piscina de la universidad.
La chica se baja, se despide y sale corriendo.

Llegamos.
Tengo que hablar de Gabriela Mistral.
Para ello elijo el poema "Pan"
y durante cincuenta minutos
soy Gabriela Mistral.
Los estudiantes parecen interesados.

En la fila de atrás la Sra. Elvia no me mira,
está ocupada tomando notas, evaluándome.
La acompaña un joven profesor español.
Pero yo tampoco lo veo a él,
sino a la chica nadando libremente
en una piscina transparente y azul,
como un pez solitario en un océano sin límites.

La clase termina y los estudiantes se van.
En el fondo la Sra. Elvia y el profesor de español
terminan de escribir su evaluación. En el muro
(detrás de ellos) hay una pequeña cruz negra.

Bajo una inmensa cúpula de cristal

"All set, professor, sorry for the wait."
"You know how kids are these days," she explains to me.
"No, I don't know how kids are these days, Ms. Elvia."
"I don't know how anything is."
"I don't even know what I'm doing here."

"Of course, no worries," I respond.
And I smile like a frightened sheep
(I always smile when I don't understand something).

On our way to the classroom in the car,
we park in front of the university pool.
The girl gets out, says goodbye, goes running.

We arrive.
I have to talk about Gabriela Mistral.
So, I choose the poem "Bread"
and for fifty minutes
I am Gabriela Mistral.
The students seem interested.

In the back row Ms. Elvia doesn't look at me,
she's busy taking notes, evaluating me.
With her is a young professor from Spain.
But I don't see him either,
just the girl swimming freely
in a transparent blue pool,
like a solitary fish in a limitless ocean.

The class ends and the students leave.
At the back, Ms. Elvia and the Spanish professor
finish writing their evaluation. On the wall
(behind them) is a little black cross.

Under an immense glass dome

189

la chica salta una vez más desde el trampolín
y como un delfín blanco y solitario
entra velozmente en la piscina.

"Me gustó mucho la clase", me dice el español.
"Gracias", contesto.
"Es un poema muy erótico", agrega.
Pero yo no sé a qué se refiere.
La Sra. Elvia camina junto a nosotros
buscando su celular en su cartera.
"Claro, un erotismo bestial...", acoto. Y sonrío.
La Sra. Elvia llama por celular. Nadie contesta.

En la piscina la chica nada bajo el agua,
está en un gran océano verde y azulado.
La luz del sol atravesando el agua
es como una navaja dorada
cortando un pedazo de cristal.
El pelo de la chica se mueve rítmicamente
y avanza como un gran pez dorado hacia la nada.
La veo desde mi salón de clases imaginario.
De pronto se detiene, me hace una señal y se despide.
La veo suspendida en el aire,
luego asciende hasta desaparecer
como un ágil pez que busca la luz de dios.

"¡Qué poema! ¿No le parece?", dice alguien.
El español me sonríe satisfecho.
Es casi mediodía.

La Sra. Elvia camina junto a nosotros,
lleva el celular en la mano,
llama de nuevo. Insiste, nadie contesta.

La chica bajo una gran cúpula de cristal

the girl jumps again from the diving board
and like a white dolphin, alone,
plunges fast into the pool.

"I really liked the class," the Spaniard tells me.
"Thanks," I answer.
"It's a very erotic poem," he adds.
But I don't know what he's talking about.
Ms. Elvia walks beside us
looking for her cell phone in her bag.
"Yes, brutally erotic . . ." I specify. And smile.
Ms. Elvia makes a call. No one answers.

In the pool, the girl swims underwater,
she is in a green and azure ocean.
The sunlight piercing the water
is like a golden knife
cutting through a piece of glass.
The girl's hair moves rhythmically
and she advances like a great golden fish toward nothing.
I see her from my imaginary classroom.
Suddenly she stops, waves to me, and says goodbye.
I see her hanging in the air,
then ascending until she disappears
like an agile fish seeking the light of god.

"What a poem! Don't you think?" someone says.
The Spaniard smiles at me, satisfied.
It's almost noon.

Ms. Elvia walks beside us,
carrying her cell phone in her hand,
she calls again. She persists and no one answers.

The girl under a great glass dome

sigue nadando—
como un pez solitario y peligroso
en un océano vacío lleno de luz.

keeps swimming—
like a solitary, deadly fish
in an empty ocean full of light.

EL JARDÍN DE AL LADO

Un escritor
en un piso en Madrid
escribe una mala novela.
A través de la ventana
se ve un hermoso jardín
rodeado de olmos, naranjos
y sillas de playa.
La piscina es amplia
y el agua, azul y cristalina,
es perfecta para el verano.
Desde la ventana del voyerista
se ven deambular bañistas jóvenes
cuya insolente belleza
lastima al escritor.
Más allá de ese jardín
hay otro jardín.
En una casa sudamericana
agoniza
la madre del escritor.
Más allá de ese jardín
hay un país
al cual no se puede volver,
un país sitiado por la violencia
y la estupidez,
un país sin raíces,
sin ninguna orientación,
lo mismo que este escritor
que ya no es joven,
pero que de pronto
(y sin aviso)
se ha quedado

THE GARDEN NEXT DOOR

A writer
in an apartment in Madrid
writes a bad novel.
Through the window
you can see a pretty garden
ringed by orange trees, elms
and deck chairs.
The swimming pool is wide,
the water blue and crystalline,
it is perfect for summer.
From the voyeur's window
you can see young bathers lounge;
their insolent beauty
hurts the writer.
Beyond that garden
is another garden.
In a South American house
the writer's mother
is near death.
Beyond that garden
is a country
to which you can't return,
a country besieged by violence
and stupidity,
a country without roots,
without direction,
like this writer
who is no longer young,
but who suddenly
(and without warning)
has been left

huérfano e indefenso
como esa piscina
después del verano.

defenseless and an orphan
like that swimming pool
after summer.

CONVERSACIÓN CON MI PADRE MUERTO

"Si la luz del secreto
no desciende y te ilumina,
entonces es mejor ignorarlo todo
y seguir de largo." "Vaya consejo!", me digo.
"Tiene años de estar muerto
y todavía sigue hablando como si viviera."
Es mi padre y viste un largo abrigo azul.
"No te preocupes", agrega.
"Inexorablemente nos dirigimos a los hospitales
de donde un día no podremos salir.
O tal vez ya estamos todos encerrados
en los mismos manicomios de siempre
y simplemente no nos hemos dado cuenta."
Mi padre habla como si me conociera
y yo escucho lo que tiene que decirme,
a ver si de esa raíz logro agarrarme
y me enderezo antes que sea demasiado tarde.
"Pon atención a lo que digo", me pide.
"Y no pienses más en esto y aquello.
El amor siempre termina por extenderse
como un estallido sobre una desgastada superficie."
Pero yo siempre pienso en esto y aquello.
Por eso los consejos de mi padre no me sirven de nada,
por eso él está muerto y yo, vivo.
En las interminables noches del insomnio
ya arden los paisajes del mañana.

CONVERSATION WITH MY DEAD FATHER

"If the secret's light
does not descend and light you up,
then better to ignore it all
and walk on by." "Some advice!" I tell myself.
"You've been dead for years
and still you talk as if you were alive."
He is my father and he wears a long blue coat.
"Don't worry," he adds.
"We are inexorably heading to the hospitals
that we will one day be unable to walk out of.
Or maybe we're all already locked up
in the same asylums as ever
and we just haven't realized it yet."
My father talks as if he knew me
and I listen to what he is telling me—
perhaps I can catch hold of that root
and straighten myself out before it's too late.
"Pay attention to what I'm saying," he tells me.
"And don't think anymore of this and that.
Love always ends up spreading
like cracks across a timeworn surface."
But I always think of this and that.
That's why my father's advice does me no good,
that's why he's dead and I'm alive.
Even now in the interminable nights of insomnia
tomorrow's landscapes burn.

CUANDO NO HABÍA LUZ EN EL CIELO

Todo lo que tengo, todo lo que soy
está engarzado en alguna parte a esta mujer
cuyo cuerpo reposa ahora junto a mí.
Hemos atravesado otra noche juntos,
una vez más,
cuando no había luz en el cielo
y tampoco nos sometíamos
a ninguna disciplina en particular.

WHEN THERE WAS NO LIGHT IN THE SKY

All I have, all I am
is strung somehow to this woman
whose body rests beside me now.
We have gotten through another night together,
once again,
with no light in the sky
and we did not surrender ourselves
to any particular discipline.

MOSCAS Y GUSANOS

Profesores como grandes lechuzas
tristes e impávidas,
niños sucios y obscenos
golpeándose en los jardines de los colegios,
desesperados oficinistas
como niños amarrados a un árbol
esperando el fin de una incierta rutina,
políticos ambiciosos y mediocres,
las guerras, los locos, los fanáticos,
pero también la cajera del supermercado,
el gerente de Movistar, la gente famosa,
el estudiante que se aburre en clases
y en el cielo electromagnético del planeta
millones de mensajes, imágenes,
las palabras de la nada——
(el tipo de basura que cada año
la NASA lanza a los linderos del universo.)
Ruido, agitación y sudor,
pero, por sobre todo, gente cansada,
agotada, extenuada, caminando,
como hermosas flores manchadas por el smog,
con los pies hinchados,
la carne blanda y arrugada,
una prominente barriga y mal aliento.
Moscas y gusanos
en una enorme bañera blanca
y el sol emergiendo otra vez,
entonces alguien cruzando una calle me dice:
"En nuestros primeros sueños
aquellos peces solían ser tan hermosos."

FLIES AND WORMS

Teachers like big owls,
sad and impassive,
dirty, obscene children
beating each other up on school playgrounds,
desperate office workers
like kids tied to a tree
waiting for the end of an uncertain routine,
ambitious, mediocre politicians,
wars, madmen, fanatics,
but also the supermarket register,
the Movistar manager, the famous people,
the student bored in class
and in the planet's electromagnetic sky
millions of messages, images,
the words of nothingness—
(the sort of garbage NASA launches
yearly at the purlieus of the universe).
Noise, agitation, and sweat,
but, above all, people tired,
exhausted, overdrawn, walking,
like beautiful flowers stained by the smog,
with swollen feet,
soft, wrinkled flesh,
a protruding belly and bad breath.
Flies and worms
in a huge white bathtub
and the sun coming out again,
then someone crossing a street says to me:
"In our first dreams,
those fish used to be so beautiful."

1985

El sonido de un helicóptero
sobrevolando el centro de la ciudad,
un grupo de soldados apostados en una esquina,
docenas de panfletos lanzados al cielo
como una lluvia de papel rojo y negro,
marchas, protestas y gente arrancando.
En esa época vivíamos amenazados
por el gobierno y los milicos de la ciudad.
También recuerdo cuando llegó
la primera tienda de videos a Concepción
y comenzamos a ver películas extranjeras en VHS.
Mi hermana escuchaba canciones de Madonna
y en algún húmedo salón universitario
alguien proyectó diez veces The Wall
de Pink Floyd (siempre con la sala repleta).
Por supuesto no teníamos auto
y muchas veces nos devolvíamos de las fiestas
a pie y en medio de la noche (a pesar de todo).
Estas cosas ocurrían de noche, incluso el sol
salía de noche. O eso me parecía a mí.
Más de una vez logramos olvidar esa advertencia
tan frecuente en la boca de nuestros padres:
"No hables con nadie, no digas quiénes somos."

1985

The sound of a helicopter
flying over the city center,
a squad of soldiers posted on a corner,
dozens of pamphlets falling through the sky
like a paper rainstorm, red and black,
marches, protests, and people making tracks.
Back then we lived under the threat
of the government and the army thugs.
I remember, too, when the first
video store came to Concepción
and we started watching foreign films on VHS.
My sister would listen to Madonna songs
and in some dank college classroom
someone projected Pink Floyd's *The Wall*
ten times (with a packed house every time).
We had no car, of course,
and often came back from parties
on foot in the middle of the night (in spite of everything).
These things happened at night, even the sun
came out at night. Or so I thought.
More than once, we managed to forget that warning
that came so often from our parents' mouths:
"Don't talk to anyone, don't say who we are."

LAS DORADAS MONEDAS DEL CREPÚSCULO

La vida triunfa, es cierto, sin esfuerzo
como un prolongado amanecer y sin necesidad de dioses
olvidando por igual los pequeños actos de ternura
como las palabras pronunciadas con maldad.

Todos estos pensamientos se habrán transformado
cuando llegue a la estación del metro de Central Park
y baje por esas escaleras como por un agujero
donde circulan serpientes metálicas y veloces.
Todos los dones se pierden. ¿Ves?
y todos vuelven a ser recobrados.
Este es el verdadero sol que arde sobre las ciudades,
como nosotros, no deja de ser el mismo,
el cielo es brillante y brumoso al mismo tiempo.
Y aun así, claro, todo esto
no basta para explicar esta existencia.
Sobre los pastizales del tiempo, observo,
todavía galopan los caballos muertos del mundo.

El tren avanza y se curva a ratos sin detenerse.
A través de la ventana veo los rostros de quienes esperan
como yo, no el tren, sino una respuesta.
Pero tú me dices que hay una hora oscura
donde la vida no triunfa y nuestro rostro se aja
(lenta y tiernamente.) Y yo quisiera creerte y decir:
"Me gustaría ver eso con mis propios ojos."
El tren se detiene, me bajo (y en medio de la multitud),
me dirijo hacia las escaleras mecánicas
y asciendo con el cielo recortado contra mí.
Son las 11 de la mañana y es enero en Brooklyn
exhalo y una espiral de aire frío se forma frente a mí.
¿Es esta la oscura hora donde la vida fracasa?

THE GOLD COINS OF TWILIGHT

Life triumphs, it's true, effortless
like a drawn-out dawn and with no need of gods
forgetting, just the same, the little acts of tenderness
and words uttered with malice.

All these thoughts will have transformed
when I get to the Central Park subway station
and go down those stairs as if into a hole
where swift, metallic serpents writhe.
All gifts are lost in time, you see?
And all sometime recovered.
This is the true sun that burns over cities,
like us, it does not cease to be the same,
the sky shines and is murky all at once.
And even still, of course, all this
is not enough to explain this existence.
Across the pastures of time, I watch
the dead horses of the world gallop still.

The train moves on and sometimes bends, not stopping.
I see through the window the faces of those who wait,
like me, not for the train but for an answer.
But you tell me there comes a dark hour
when life does not triumph and our face withers
(slowly and tenderly). I want to believe you and say,
"I'd like to see that with my own eyes."
The train stops, I get off and (in the middle of the crowd)
I walk toward the escalators
and ascend with the sky cut out against me.
It's 11 a.m. and it's January in Brooklyn
I exhale and a spiral of cold air forms before me.
Is this the dark hour when life falls short?

No. Hay otras horas, me digo, mientras camino
arreglando mi bufanda alrededor del cuello
porque, "cómo fue que nos arrojamos al mundo
y llegamos al final sin ser abatidos." Eso te preguntaría.
"¿Cómo es que a veces una hora distinta a la tuya
logra iluminar ese cuarto oscuro llamado la vida doméstica,
una hora para la cual todo, al rozarnos, se vuelve
como una moneda dorada por el crepúsculo?"

No. There are other hours, I say to myself as I walk
fixing my scarf around my neck
because "how did we cast ourselves into the world
and make it to the end still standing?" That's what I would ask

you.

"How is it that sometimes, an hour different from yours
comes to light up that dark room called domestic life,
an hour at which everything, touching us, becomes
like a gold coin in the twilight?"

LA CASA (VARIACIONES)

*"En la mujer, en lo profundo de su cuerpo
se construye la casa."*
EUGENIO MONTEJO— *"La casa"*

*En el fondo de la mujer
se construye una casa
para que vivamos en paz,
para que sepamos también
que tenemos que morir
y no es una casa habitada por extraños,
sino una casa enorme
donde ya no viven nuestros padres.*

*Ahora estamos solos
con la mujer que nos ha escogido.
Soy el hijo tonto de mamá
y ya no podremos reformar las cosas
ni aplacar nuestra antigua sed.
Sin embargo, no hay necesidad de inquietarse
por la vastedad de este inusual sosiego.
Así es, así son las cosas ahora:
cruzamos el desierto y llegamos a nuestra casa.*

THE HOUSE (VARIATIONS)

> *In the woman, in the depths of her body,*
> *the house is built.*
> —EUGENIO MONTEJO, *"La casa"*

In the deepest part of the woman
a house is built
so we can live in peace,
so we know, too,
that we must die
and it is not a house dwelled in by strangers
but an enormous house
where our parents live no longer.

Now we are alone
with the woman who has chosen us.
I am mother's stupid son
and soon we'll be unable to redo things
or slake our ancient thirst.
But there's no need to be disturbed
by the vastness of this unusual calm.
This is it, things are like this now:
we cross the desert and get to our house.

EVA

En Pittsburgh
hay una hermosa iglesia de piedra
que se levanta bajo el cielo
como si fuera parte
de mi propia historia personal.
Es una iglesia episcopal
en la esquina de Shady y Walnut Ave.
Antes solía pasar por allí
cuando iba a tomar el bus
o caminaba al supermercado.

Así conocí a Eva,
en la peluquería del barrio.
Me solía cortar el pelo con ella
cada dos meses.
Después de un tiempo
solo iba a beber café
y a conversar un rato.
En esa época
estaba tratando de terminar
mi primera novela,
y no hacía nada más
que me pareciera importante.
El marido de Eva
la había abandonado
con sus dos hijas
y ella trabajaba allí
de 9 a 5 todas las semanas.
"I'd like to see that
fucker again!", solía repetir
sin demasiada convicción.

EVA

In Pittsburgh
there is a beautiful stone church
that stands up under the sky
as if it were part
of my own personal history.
It is an Episcopal church
on the corner of Shady Ave. and Walnut
I used to pass by there
on my way to catch the bus
or walking toward the supermarket.

That's how I met Eva
at the local hairdresser's.
She used to cut my hair
every two months.
After a while
I went just to drink coffee
and talk for a while.
Back then
I was trying to finish
my first novel,
and I did nothing else
that struck me as important.
Eva's husband
had left her
with her two daughters
and she worked there
9 to 5 every week.
"I'd like to see that
fucker again!" she used to say
without too much conviction.

En esos días
Eva me hablaba de su infancia
en New Orleans,
de sus padres alcohólicos
y por qué nunca fue a la escuela.
Su único hermano se había suicidado
después de volver de la guerra.
Yo la escuchaba en silencio
tratando de imaginarme
a esos seres oscuros y solitarios
en algún barrio de New Orleans.
Se había casado dos veces
y ahora solo quería estar sola
para criar a sus hijas en paz.
Le parecía gracioso
que yo fuera chileno.
"It's funny", decía.
Yo me encogía de hombros
sin saber qué decir:
"I suppose you're right."
"No, no, you don't understand."
"It's just funny you are Chilean."

Yo le decía que todavía
era una mujer hermosa
y que todavía podía rehacer su vida.
"You see this?", y me mostraba
un puño bien cerrado.
"This is for the next fucker!"
Pero yo no le creía.
Eva era como un gran gato asustado
y a mí me gustaba sentir
sus largas y delicadas manos
cuando me lavaba el pelo.

Back in those days
Eva would tell me about her childhood
in New Orleans,
her alcoholic parents
and why she never went to school.
Her only brother had killed himself
after coming back from the war.
I listened, not speaking,
trying to imagine
those dark, lonesome beings
in some New Orleans neighborhood.
She had gotten married twice
and now she just wanted to be alone
to raise her daughters in peace.
It was funny to her
that I was Chilean.
"It's funny," she'd say.
I would shrug my shoulders,
not knowing what to say,
"I suppose you're right."
"No, no, you don't understand.
It's just funny that you're Chilean."

I would tell her she was still
a beautiful woman
and she could still put her life back together.
"You see this?" and she'd show me
a tight-closed fist.
"This is for the next fucker!"
But I didn't believe her.
Eva was like a big frightened cat
and I liked to feel
her long, delicate hands
when she washed my hair.

Una noche me enseñó
a cultivar un jardín,
me habló de sus flores
y de cómo había que cuidarlas.
Me explicó que a las flores
había que acercarse lentamente
y darles la bienvenida
como si llegaran después de un largo viaje.
"Sin esto, todo está arruinado."
"Es un secreto chino", dijo después.
Yo no dije nada
no sabía nada, ni de secretos ni de chinos.
"Así he criado a mis dos hijas", continuó.
Yo sabía que me decía la verdad.
Esa noche Eva había cerrado la peluquería,
estábamos en la parte de atrás
bebiendo café y comiendo galletas.
Después hizo una pausa y me miró a los ojos:
"You see that?", dijo
apuntando una fotografía
donde ella aparecía abrazando a sus hijas.
"That's my garden. That's all that I have."
Esa fue la única vez que la vi llorar.
Nos abrazamos en la oscuridad
y yo sentí por primera vez
el olor a flores que despedía su pelo.

One night she showed me
how to plant a garden,
she told me about her flowers
and how to take care of them.
She explained that one must
approach flowers slowly
and bid them welcome
as if they were coming home from a long trip.
"If you don't, it's all ruined.
It's a Chinese secret," she said.
I said nothing,
I knew nothing of secrets or Chinese.
"That's how I raise my daughters," she continued.
I knew she was telling the truth.
That night, Eva had closed the hairdresser's,
we were in the back room
drinking coffee and eating cookies.
Then she paused and looked me in the eye,
"You see that?" she said
pointing at a photograph
of herself hugging her daughters.
"That's my garden. That's all I have."
That was the only time I saw her cry.
We hugged in the darkness
and for the first time I could smell
the scent of flowers in her hair.

MUERTE EN EL HOSPITAL

Mientras me afeito
y trato de no demorarme
me pregunto: ¿dónde está mi hija,
la que estudia enfermería?
¿Y mi hijo, el mayor,
el que se graduó de ingeniero?
A las nueve
tengo una reunión en la Facultad,
me miro al espejo,
paso mi mano por mi mejilla
recién afeitada, suave y húmeda,
profundamente mía
y me pregunto cómo habré de morir,
bajo qué circunstancias
y si será una muerte sin dolor.
En el borroso espejo
diviso mi cuerpo que envejece
y que apenas tolero,
pero sé, al mismo tiempo,
que nunca estaré preparado
para abandonarlo.
Voy a mi habitación y me visto.
¿Será esta la camisa
que me pondrán el último día?
¿Y esta corbata?
¿Será este traje negro el más apropiado?
Son las ocho y media
y el día recién comienza.
Pienso en mi hija, la enfermera,
la cual nunca existió;
en mi hijo, el ingeniero,
como yo, inexistente.

DEATH IN THE HOSPITAL

As I shave
and try not to take too long
I wonder: where's my daughter,
the one in nursing school?
And my son, the eldest,
who got his degree in engineering?
At nine
I have a faculty meeting,
I look at myself in the mirror,
I brush my hand against my cheek,
fresh-shaved, smooth and damp,
deeply mine
and I wonder how I'll die,
under what circumstances,
if it will be a painless death.
In the fogged-up mirror
I make out my body that ages,
my body that I barely tolerate,
but I know, at the same time,
I will never be ready
to abandon it.
I go to my room and get dressed.
Is this the shirt
they'll put me in on that last day?
And this tie?
Will this black suit be most fitting?
It's 8:30
and the day is just beginning.
I think of my daughter, the nurse,
who never existed;
and my son, the engineer,
like me, nonexistent.

Me los imagino alrededor de una cama
rodeada de máquinas blancas
y pantallas verdes:
"Somos sus hijos", dirán
"Ya lo pueden desconectar."
Salvo que ellos no son mis hijos
y que yo no estoy en el hospital.

I imagine them around a bed
ringed by white machines
and green screens:
"We're his children," they'll say
"You can disconnect him now."
But they are not my children
and I'm not in the hospital.

TODAVÍA ES DE NOCHE

¿Seguiremos
abriendo falsos caminos
con nuestras propias manos?
¿Ofreceremos nuestra risa torcida
a los desconocidos
antes de cerrarles la puerta
en las narices?
¿Hablaremos de amor
y otras cosas importantes
cuando nuestro corazón
es un puñado de ramas
arrancadas de mala manera
de un árbol principal?
¿Para qué seguir hablando
de la luz, me pregunto,
si allá afuera
todavía es de noche?

IT IS STILL NIGHTTIME

Will we keep on
opening false paths
with our own hands?
Will we offer our twisted laugh
to strangers
before shutting the door
in their faces?
Will we talk about love
and other important things
when our heart
is a handful of boughs
bluntly stripped
from one principal tree?
Why keep on talking
about light, I ask myself,
if outside
it is still nighttime?

EL ANTÍLOPE

En las grandes extensiones de la cordura
vimos a un antílope caer abatido
a manos de un cazador vagamente experimentado.
Se desplomó lentamente
como uno de esos edificios demolidos con dinamita
que aparecen en los programas de televisión.
Nunca imaginamos que la muerte
podía alcanzar tal grado de excelencia,
pero, claro, en ese momento olvidábamos
que la muerte puede alcanzar cualquier cosa.
Su oscura piel se agitó por un momento,
movió la cabeza como si negara lo ocurrido
pero sabíamos que eso era imposible.
Su respiración era pesada
y su cuerpo iba perdiendo rápidamente
color e intensidad.
Ni siquiera intentó levantarse
cuando decidió confrontarnos.
Nos contempló largamente
como si ser testigos de este hecho irreversible
nos hiciera también culpables.
Y sí, también éramos culpables, qué va!
Estábamos en esas planicies infernales de la mente
donde la gente malsana, pero asentada, sale
a exterminar aquellas formas de perfección
que le incomodan al mundo.
No había nada que hacer (nosotros lo sabíamos)
el antílope también lo sabía.
Casi no respiraba cuando lo remataron.

THE ANTELOPE

In the great expanses of sanity
we saw an antelope fall, shot down
by a rather experienced hunter.
He crumpled slowly
like one of those buildings demolished with dynamite
that you see on TV shows.
We never imagined death
could reach such heights of excellence,
but, of course, at the time we were forgetting
that death can reach anything.
His dark skin shivered for a moment,
he shook his head as if denying it had happened
but we knew that was impossible.
His breathing was heavy
and his body swiftly losing
color and intensity.
He did not even try to stand up
when he decided to face us.
He stared at us for a while
as if bearing witness to this irreversible act
made us guilty too.
And yes, we were guilty too, so what?
We were on those hellish flatlands of the mind
where unhealthy, sensible people go out
to exterminate those forms of perfection
that make their world less comfortable.
There was nothing we could do (we knew it)
the antelope knew it too.
He had almost stopped breathing when they finished him off.

LA ESPERA

Mira el cielo
nada nos engrandece,
somos como hormigas
laboriosas, pero mecánicas.
¿Para qué sale el sol
y alumbra a estos adolescentes,
si su destino es la estricta
observancia de las leyes latinoamericanas:
sudar como animales mansos y satisfechos
a la espera de un golpe de timón
con el cual sortear la insistente adversidad?
Hoy, en Oklahoma, está nevando
y la tierra se cubre de todo lo que hay
disperso y abandonado bajo el cielo.
"Habrá que esperar", me digo
(como en mi país)
a ver si todo esto pasa y volvemos
a través de la próximas semillas.

THE WAIT

Look at the sky
nothing magnifies us,
we are like ants,
hardworking but mechanical.
Why does the sun come out
and shed light on these adolescents
if their fate is the strict
observance of Latin American laws:
to sweat like docile, satisfied animals
awaiting a turn of the rudder
with which to dodge insistent adversity?
Today in Oklahoma it is snowing
and the earth is covered with all there is
scattered and abandoned under the sky.
"We'll have to wait and see," I tell myself
(like in my country)
perhaps all this will pass and we'll return
through next year's seeds.

LOS HERMOSOS PAÍSES SUDAMERICANOS

Las rojas planicies de Oklahoma
se van abriendo lentamente
mientras el auto avanza cruzando el tiempo,
como si algo al mismo tiempo se iniciara
como un lento incendio dentro de mí.
En un par de horas más
estaré en el bar de un hotel en Texas
contemplando cómo una aceituna verde
se hunde lentamente en una copa de martini.
Desde el fondo de mi cabeza
aparecerán entonces (como fantasmas)
los hermosos países sudamericanos,
con sus derrotas intermitentes
y esa disciplinada forma de ejercer la violencia.
Pensaré en cómo van de un lado a otro
expulsando esa luz tan propia de la juventud,
una luz que no alcanza si no a llegar
deformada a esta parte del mundo.
Ahora, frente a la barra del bar,
observo cómo la aceituna verde de mi martini
se hunde (y yo con ella)
hasta llegar por fin al fondo de la copa.
Entonces el barman se acerca, retira la copa y se va.

THE BEAUTIFUL COUNTRIES OF SOUTH AMERICA

The red plains of Oklahoma
open up slowly
as the car drives on, crossing time
as if something else were starting
like a slow fire inside me.
In a couple more hours
I will be at a hotel bar in Texas
watching how a green olive
slowly sinks in a martini glass.
From the back of my mind
will appear (like ghosts)
the beautiful countries of South America,
with their intermittent defeats
and that disciplined way they practice violence.
I'll think of how they go back and forth
giving off that light so particular to youth,
a light deformed by the time
it reaches this part of the world.
Now, with my elbows on the bar,
I observe how the green olive in my martini
sinks (and I sink with it)
until finally hitting the bottom of the glass.
Then the bartender comes by, picks up the glass, and leaves.

EL INVITADO TIGRE

Como en un cuento de P'U Sung-Ling
despierto en el bosque
después de haberme quedado dormido
camino a casa.
Me levanto y sin saber dónde estoy
reanudo el viaje,
pero después de horas y horas
el camino me lleva por una senda desconocida.
Ya es de noche cuando diviso
un templo al final del bosque.
Dos soldados custodian la entrada principal.
Al verme me hacen una señal para que entre.
Obedezco, me conducen hasta una sala
completamente blanca.
Detrás de una gran mesa
veo a tres solemnes ancianos vestidos
con impecables togas universitarias.
La sala está ampliamente iluminada
y los profesores me invitan a sentarme.
"¿Estos poemas son suyos?", me preguntan.
"Sí, señor", respondo sin vacilar.
"Estos no son poemas", afirma uno.
"¿Dónde están las imágenes poéticas?"
"¿Qué hizo con la figura trópica?"
"¿Se cree muy listo?", pregunta el más anciano.
"No, señor, no son poemas", me excuso.
"Ah, bien. ¿Y qué son entonces?"
"Litografías, tarjetas postales", explico.
"¡Muy gracioso!" susurra otro de los ancianos.
"¿Trabaja usted en turismo acaso?"
"No, señor. Soy escritor."
"¡Escritor un puño!", exclaman los tres al unísono.

THE INVITED TIGER

Like in a story by Pu Songling
I wake up in the woods
after falling asleep
on my way home.
I stand up and, not knowing where I am,
resume my journey,
but after hours and hours
the path takes me down an unfamiliar route.
It is nighttime when I make out
a temple at the edge of the woods.
Two soldiers guard the main door.
When they see me, they wave me in.
I obey. They lead me to a room
where everything is white.
Behind a grand table
I see three solemn elders dressed
in spotless academic gowns.
The room is brightly lit
and the professors invite me to sit down.
"These poems are yours?" they ask.
"Yes, sir," I answer without hesitation.
"These are not poems," one states.
"Where are the poetic images?"
"What became of the rhetorical devices?"
"Do you think you're clever?" asks the eldest.
"No sir, they're not poems," I apologize.
"Oh, well. What are they, then?"
"Lithographs, postcards," I explain.
"Very funny!" mutters one of the elders.
"So you work in tourism?"
"No, sir. I'm a writer."
"A writer, that's rich!" the three exclaim in unison.

231

"Además los buenos poemas son más cortos."
"Es poesía moderna", explico.
"No importa lo que sean, ya los leyó el Emperador."
"¿Qué Emperador?", pregunto asombrado.
"No tiene importancia", me interrumpen.
"El Emperador lo ha condenado
a que lo corten en mil partes diferentes
y lancen su cabeza al río. ¡Hemos dicho!"
Los tres ancianos se levantan y se alejan sin hablar.
"Pero...", no alcanzo a protestar
cuando cuatro soldados imperiales me apresan
y me cortan en distintos pedazos.
Mi cabeza, por supuesto, es lanzada al río.
Despierto agitado, empapado en sudor.
Sobre la mesa de noche
la alarma del celular no deja de sonar.
Abro los ojos y lo primero que veo
es al tigre de mi mente
saltando alegremente al borde de la cama.
Me sonríe burlón, me hace un guiño cómplice
y dando un portazo abandona la habitación.
"Litografías, tarjetas postales..."
"¡Un puño!", alcanzo a escuchar.

"Good poems are shorter, besides."
"It's modern poetry," I explain.
"It doesn't matter what they are, the Emperor has read them
                                                        already."

"What Emperor?" I ask amazed.
"That doesn't matter," they interrupt.
"The Emperor has sentenced you
to be cut into a thousand pieces
with your head thrown into the river. We have spoken!"
The three elders stand and depart without another word.
"But . . ." I have no chance to protest
as four imperial soldiers hold me down
and cut me into different bits.
My head, of course, is thrown into the river.
I wake up with a start, dripping sweat.
On the nightstand
my phone alarm is going off.
I open my eyes and the first thing I see
is the tiger of my mind
leaping happily up to the edge of the bed.
He smiles at me teasingly, gives me a complicit wink
and struts out of the bedroom, slamming the door.
"Lithographs, postcards . . .
That's rich!" I can just barely hear.

ON TRANSLATING *DOMESTIC LIFE*

This bilingual edition of Marcelo Rioseco's *Domestic Life* has been years in the making. Marcelo and I have been partners and co-conspirators throughout my career as a translator; it could even be said that he is to blame for it.

The first piece of writing I ever seriously translated was a *crónica* by Colombian writer Andrés Felipe Solano called "The Nameless Saints," which was published by the wonderful literary journal *World Literature Today* (*WLT*) in 2014. At the time, I was working for *WLT* as an intern while studying at the University of Oklahoma (OU). I also happened to be reading *El viajero del siglo*, by a different Andrés (Neuman), in the *WLT* staff book club—a novel that piqued my interest not just in translation, but in *being a translator*, which is not quite the same thing. With a publication under my belt and a desire to be like the latter Andrés's erudite protagonist in my heart, I went to the website of OU's Department of Modern Languages, Literatures, and Linguistics (MLLL) to find someone in my immediate vicinity whom I could translate. I was delighted to learn that one OU faculty member was, indeed, a Latin American writer—a three-word title that felt, at the time, almost fantastically cool and inaccessible. The associate professor in question was none other than Marcelo Rioseco.

I looked through the list of Marcelo's publications on the MLLL website. Several were poetry books—obviously, I thought at the time, I could never translate a poetry book—but I also noticed a collection of short stories titled *El cazador*, which I proceeded to locate in OU's well-appointed library. So eager was I to *be a translator* that I hadn't even finished reading it when I showed up at his office and, in my best undergraduate Spanish, requested his "permiso" both to cross his threshold and to translate his book.

Marcelo—bemused, I'm sure, by a student asking for extra homework—agreed to collaborate with me on translating *El cazador*. We worked together to bring its stories into English, getting to know each other over office-hour discussions of adjective placement, Chileanisms, and Borges. But, as much as we enjoyed these conversations, they took unexpected detours. In 2015, we began discussing a design grander than a one-off book of stories in translation: a new journal, under the umbrella of *World Literature Today*, that would serve as a multilingual shop window for contemporary Latin American literature and someday grow into a staple of the worldwide literary ecosystem. After months of planning, partially in Norman, Oklahoma, and partially in Puebla, Mexico, we launched *Latin American Literature Today* (*LALT*) in January of 2017. The rest, as they say, is history.

But what about our smaller, more domestic endeavors? *El cazador* has yet to be published in English; I hope to see it in print one of these days. The next time Marcelo and I talked about a "personal" project was in 2017, once *LALT* was up and running, when I started my master's degree in Spanish back at OU's Norman campus. The previous year, Chilean press Cuarto Propio had published Marcelo's poetry book *La vida doméstica*, a wry and antipoetic reflection on losing one's touch, the self-doubt that comes with the poet's vocation, and the pitfalls of being a Latin American writer (and a Chilean one, at that) in Oklahoma. In August of 2017, *La vida doméstica* deservedly won the Premio Academia from the Academia Chilena de la Lengua, awarded to the best literary work published in Chile in 2016. Back in Norman, Marcelo handed me a copy of the book and asked if I'd like to try my hand.

I agreed, of course, and I'm glad I did. Translating *La vida doméstica* felt, for obvious reasons, like talking to a friend. Marcelo's voice is a voice that taught me to speak (and read) Spanish, and his voice is unmistakable in these funny, philosophical, self-deprecating poems. Just like in our earliest conversations, when I was not yet able to think in Spanish and had to mentally translate his words in my head, I was amused and taken aback throughout the translation process by how his turns of phrase and idiomatic revelations emerged in English. And, like in any conversation with a friend, I was struck while translating by certain things we have in common: points of poetic and biographical convergence that make me all the happier to have translated this book.

First among them is our mutual out-of-placeness here in Oklahoma, the heart of the United States in both geographical and ontological terms, where Marcelo has lived since 2010 and I have lived my whole life. He arrived here via Cincinnati and Pittsburgh after leaving Chile in 2003; I was born here, but under unusual circumstances as a child of British immigrants who came to work in agricultural science. Oklahoma gets a bad rap among US states as both the boring core of "flyover country" and one of the most socially and politically regressive stretches of Middle America. As I've written elsewhere, complaining about Oklahoma's failings is perfectly valid—it is, in fact, one of our most cherished local pastimes. Nor is it surprising that a Chilean poet and a son of Oxbridge intellectuals would both find it, at times, a jarring place to live. But books like *Domestic Life* prove to us that there is also a great deal of poetry here—the empty Walmart parking lot and the passing conversation with the mailman can give rise to much deeper inquiries into who we are, where we are, and why. It is important that we find poetry in the places we live, even if they don't appear poetic at first glance. Poetry, in fact, is everywhere, and finding it makes any space (or state) that much easier to survive.

In more general terms, Marcelo does something throughout *Domestic Life* that I see as central to his mission as a poet and mine as a translator: he finds poetic value in the small, the trivial, the minutiae of everyday existence. We see this in his reflections on throwaway comments in casual conversations, on stopping at a railroad crossing, and on scrolling subpar news websites out of sheer force of habit. As its title suggests, *Domestic Life* intends to uncover the poetry in the ostensibly unpoetic spaces of the home, workplace, post office, supermarket, and the like. This book shows us, both on a broader geographic scale and on a finer, more focused one—by taking a magnifying glass to all the silly, seemingly meaningless events that constitute most of our lives—that poetry, again, is all around us, whether we see it or not.

Lastly, as I said before, *Domestic Life* is saturated with a theme I find eminently relatable, as I think many readers will agree: the imposter syndrome that plagues all of us who dedicate ourselves to creative endeavors. Here, Marcelo's stand-in (Mauricio) is literally haunted by the ghost of Roberto Bolaño, who pops in every so often from the romantic deserts of poetic oblivion to poke fun at him for having fish filets for dinner and remind him of the wild, bohemian essence of pure literary impulse he is allowing to shrivel and wane as he lives the comfortable, (it must be said) domestic life of a poet-cum-professor at a US university. After seven poetry books (and this one's being recognized as the best of its pub year), Marcelo still cannot help but wonder: Do I write poems, or *am I a poet*? Does the former necessarily mean the latter? I can't pretend to offer any answers here; I have translated a great deal over the past ten years, but as I suggested earlier, I still find myself doubting whether or not I *am a translator* in much the same way. To use an appropriately homey idiom, I guess the proof of the pudding is in the eating. I invite anyone who has read this far to turn to the poems and decide for themselves.

Many thanks to Garcilaso Pumar and everyone at Alliteration Publishing for putting their faith in this book, to the editors of *International Poetry Review* and *Pilgrimage Magazine* for sharing some of its poems with their readers, and to Marcelo for welcoming me into both his office and his home.

Arthur Malcolm Dixon
Tulsa
August 2024

INDEX

𝒜

DOMESTIC LIFE | MARCELO RIOSECO

Made in Miami Beach ~ Printing as needed

◊◊◊

2025